JN437535

2020 대한민국

제조업에 길을 묻다

지은이 전창훈은 1960년 강원도 속초에서 태어나 어린 시절을 보냈다. 남부지방으로 이주해 경남 마산고와 부산대학교를 졸업하고 창원공단에서 일했다. 3년 동안의 현장 엔지니어 생활을 사직하고 카이스트 기계공학과 석사과정에 입학했다. 석사 졸업 후 삼성전자에서 선임연구원까지 일했으며, 30대 중반의 늦은 나이에 프랑스로 유학을 떠났다. 에꼴 상트랄 드 리옹(Ecole Centrale de Lyon)에서 박사과정을 마친 후에는 미국 프린스턴 대학 연구원으로 취직하여 대서양을 건넜다.
현재는 미국 프린스턴 대학교 플라즈마 물리학연구소 선임연구원으로 재직 중이다. 몇 년 전부터는 ITER 프로젝트(국제핵융합공동개발 프로젝트) 미국정부 엔지니어로 프랑스에 파견되어 지중해 근처에 살고 있으며, 재불 한국과학기술자협회 회장을 맡고 있다.
공부를 마치고 미국으로 건너간 후 영어 불어 등 여러 권의 어학 책과 『미국 명문대학 확실히 알고 가자』, 우리 사회 이공계 문제를 다룬 『나는 공돌이』, 미국 사회와 프랑스 사회를 비교한 『작은 프랑스 큰 미국』 등 10여 권의 저서와 번역서를 출간했다. 이공계와 외부사회의 소통에 관심을 가지고 저작활동을 하고 있다.

2020 대한민국 **제조업에 길을 묻다**

지은이 / 전창훈
펴낸이 / 조유현
편　집 / 이부섭
디자인 / 박민희
펴낸곳 / 늘봄

등록번호 / 제1-2070 1996년 8월 8일
주　소 / 서울시 종로구 충신동 189-11 동국빌딩 3층
전　화 / (02)743-7784
팩　스 / (02)743-7078

초판발행 / 2010년 5월 31일
초판2쇄 / 2010년 12월 25일

ISBN 978-89-88151-77-8 03580

*가격은 표지에 있습니다.

2020 대한민국

제조업에 길을 묻다

전창훈 지음

늘봄

프롤로그

이 책은 최근 20년 동안 불어 닥친 정보통신 기술과 기존 산업과의 관계, 사회변화 그리고 정보통신 인프라 위에서 이루어질 미래를 논의한 책이다. 첨단 시대에도 제조업이 바탕이 되어야 건강한 사회가 된다는 주장이 결론이다.

토플러는 정보화 시대의 도래를 예고하면서 정보를 가진 자가 권력도 가질 것이라고 하였고, 인류는 고갈되지 않는 무한 에너지를 사용할 것이라고 했다. 그의 예언처럼 전 세계가 정보산업으로 업종 변경하느라 한동안 난리를 쳤지만, 에너지 문제는 여전히 전 세계의 큰 짐으로 남아 있다.

미국은 제조업을 접고, 엘리트 젊은이들이 월스트리트로 진출하는 것을 당연한 코스로 여기고 보냈던 몇 년 후 금융위기에 봉착했다. 쉽게 예견할 수 있었던 재앙이다. 산업혁명을 일으킨 나라이면서도 제조업을 접고 서비스업으로 진출한 영국도 위태로운 국가로 분류되고 있다.

반면 디지털 지각생 일본은 IT 세상에서 '돌아온 장고'처럼 카메라 시장을 되찾았고, 도요타는 GM을 추월하여 세계 1위 자동차회사가 되었으나 대량 리콜사태로 위기를 맞으며 그 운신의 폭을 다시 추스르고 있다. 통독으로 아직까지 부담이 남아있을 독일도 금융위기에 흔들리지 않았다. 일본과 독일은 제조업이 강한 나라지만, 미국과 영국은 서비스업 국가로 변했기 때문이다.

한국은 제품이나 기술 대신 말만 앞세운 수많은 IT 벤처들이 국민들 혈세 빨아먹기 경쟁을 벌였었다. 벤처거품이 빠지고 대기업 중심으로 일어난 한국 IT 산업은 사실상 제조업이다. 그래도 제조업은 안 된다는 견해가 한국사회에 지배적이다. 고에너지, 고공해에다가 노동집약 산업이라는 것이다. 하지만 제조업이라고 삽질만 하는 산업이 아니다. 유럽 강소국들이 하고 있는 고급 제조업이 있다.

정보산업은 마치 고속도로처럼 사회 인프라에 불과하다. 그 자체에 기존 기술이 결합되지 않으면, 휴대전화와 액정 TV 같은 것을 많이 팔아도 돈이 안 된다. 그래서 우리 산업에 이상한 구석이 많다. 삼성전자와 현대자동차가 그렇게 잘 나간다는데 젊은 백수들은 늘었다. 먹을거리에서 생리대까지 메이드 인 코리아가 사라지고 있는 것도 수상하다. 정보통신으로 산업이 바뀌었어도, 대입 과목은 30년 전이나 동일하다. 변호사와 의사가 좋은 직업인 것도 여전하고….

정보화 사회로 천지가 개벽된 것처럼 떠들었지만, 사실 별로 바뀐 것이 없다. 그럼에도 언론은 생소한 용어로 과장된 표현을 하며 소란을 피웠다. 정보통신에서 괄목할 성과를 거두었음에도 불구하고, 휴대전화 같은 IT 품목의 이윤이 줄어드는 것에 정부는 불안해하고 있다. 그래서 바이오, 나노 등 다소 공상적인 첨단기술에 집착해왔으며, 이제는 녹색성장을 더하는 통합계획까지 내어놓았다.

이 책은 이런 문제들에 대해 이해하고 향후 대책을 짚어보는 책이다. 기술을 잘 모르는 사람들도 이해하기 쉽게 쓰려고 노력했으니, 그동안의 변화에서 소외되었던 독자라면, 새로운 기술을 이해할 수 있는 계기도 될 수 있을 것이다. 다 같이 행복한 사회 만들기에, 이 책이 유용한 시각을 줄 수 있길 바란다.

차례

제4장 미국, 일본 그리고 유럽의 IT

제5장 IT산업 vs 제조업

제6장 사회체질 개선을 위한 대책

도요타 위기는 제조업 위기가 아니라, 팽창 경영과 과도한 전자기술 도입이 초래한 IT형 재난이다

필자는 이 책 전체를 통해 정보통신이나 다른 첨단기술보다 제조업이 살 길이라고 주장하는데, 세계 제조업 간판스타격인 도요타의 위기는 간과하거나 무시할 수 없는 일이어서 이 문제를 짚어보았다. 결론부터 말한다면, 필자는 도요타 문제는 제조업의 한계가 아니라 경영과 기술에서 IT적 요소를 과다하게 제조업에 가미하려던 무리한 전략의 실패라고 판단한다.

도요타가 그동안 미국시장에서 어떤 길을 걸어왔는지 살펴보자.

시대를 거슬러 올라가 1970년대만 해도 일본자동차는 미국시장에서

별로 좋은 평을 받지 못했다고 한다. 현대자동차가 90년대 초까지 미국시장에서 싸구려 저품질 차로 평가받던 시기를 일본자동차들도 이미 거쳤다. 그러다가 품질이 안정되면서, 특히 캠리(Camry)라는 모델이 폭발적인 인기를 끌던 90년대부터 '일본차는 품질에서 제일이다. 잔고장도 없다' 는 점이 부각되어 큰 인기를 누렸다.

이때 특별히 두 가지 전략이 주효했는데, 상대적으로 덩치가 작은 일본차들이 고유가 시대와 맞물려 (정확히 말하면 '고유가' 라기보다는 '변덕스런 유가' 라고 해야 할 것이다) 더욱 인기가 높았으며, 도요타가 내놓은 고급기종 렉서스(Lexus)가 돈 있는 중산층의 인기를 끌면서 도요타의 인기는 절정에 이르렀다.

최근에는 연생산 1천만 대를 돌파하여 언제나 생산량에서만큼은 1위를 하던 GM을 양적으로도 눌렀다. 그러다가 안전문제와 은폐혐의가 동시에 불거지면서 이제는 백척간두에 선 지경에 이른 것이다. 이 문제를 아주 단순하게 기술적 결함이 좀 과장되었다고 결론내릴 수도 있지만, 좀 더 다양한 시각이 그 이면에 있다.

필자는 이 문제를 세 가지 측면에서 살펴보았다. 두 가지는 도요타 내부의 경영과 기술문제이고 나머지 한 가지는 환경적 요인이다.

첫째는 경영 측면에서 패권주의와 제일주의를 앞세워 너무 몸집을 키운 것이 화근이다. 이제 도요타 자동차는 일본 내부에서 생산하는 대수보다 외국생산량이 많다. 직원숫자도 일본보다 외국에 더 많다. 상표만 일제이지, 생산자와 소비자가 미국에 더 많은 지경이다. 그럼에도 불구하고 여전히 일본차라는 인식을 지우지 못하고 있었다. 덩치에서만 세계화를 진행했고 문화나 인식에서는 여전히 일본화에 머물렀던 것이다. 일본은 작은 나라라는 강박관념으로 제국주의 시절에 못다 푼 한을 경제에서 풀려는 무모하고도 오만한 행보가 아니었나 한다.

덩치 면에서 하나의 국가라고 보기에는 무리인 대국(미국과 러시아 그리고 중국)들은 경제적 정치적 침략에서 완전히 외국에 먹힌 적이 없다. 중국은 아편전쟁이니 청일전쟁이니 하던 시대에는 완전히 난장판일 정도로 열강에 유린되었지만, 제2차 세계대전이 끝나고부터 오늘날까지 늘 세계정치판의 거물이었고, 지금은 경제에서마저 초강자가 되었다.

러시아는 나폴레옹을 주저앉힌 나라이며, 역사상 거의 최고의 악질 독재자 히틀러도 무릎 꿇린 나라다. 지금은 최고의 석유수출국이며, 유럽으로 내려가는 가스라인 밸브를 잠갔다 열었다 하며 유럽의 목덜미를 움켜쥐고 있다. 핵무기 최다보유국이며, 수많은 동구권 나라들을 자신들의 영향력 아래에 두고 수족처럼 부린다.

미국은 중국이나 러시아를 능가하는, 말할 것도 없는 대국인데, 일본은 자신들을 개항시켜 선진화의 문을 열어준 미국에게 여러 차례 도전했지만 언제나 심하게 얻어터졌었다. 진주만을 공격했지만 결과는 원자탄을 맞고 맥아더 군화발 아래에서 군정 통치를 받았다. 80년대에는 뉴욕의 수많은 빌딩을 사들이는 등 미국의 부동산을 장악하는 경제공격을 했지만, 엔화 평가절상과 달러화 하락으로 전부 망하고 돌아갔다. 이제는 도요타를 앞세운 일본차의 기술력과 조직력으로 미국 시장을 접수하려고 했지만 또다시 앞이 캄캄해졌다.

이런 대국들을 대상으로 싸움을 벌이면 영토가 너무 넓어 깊숙이 들어가다 보니 보급로가 한없이 길어진다. 대국과의 전쟁을 오래 끈다면 국지전 결과에 무관하게 시간이 갈수록 패망의 먹구름만 짖게 드리울 뿐이다. 경제 침투도 일반전쟁과 비슷한 양상을 보인다. 미국이 기술력이 없어서 자동차를 못 만드는 것이 아니다. 다만 그들이 더 잘 살게 되어 게을러졌으니, '아랫것' 들에게 좀 더 많은 생산을 맡기고 자신들은 레저를 즐기면서 더 높은 수준의 기술로 쉽게 돈 벌려는 것이다.

즉, 비행기는 자기들이 만들고 차는 일본이 만들게 하는 식이다. 그런데 미국자동차 회사들이 죽을 쓰다 보니, 일본자동차 회사들은 상대를 잠시 잊은 것 같다. 더 지식이 많은 고객을 대상으로 장사하는 사람이 잠시 고객을 자기보다 더 무식하다고 착각한 것은 아닐까? 후발주자들이 자신들보다 더 발달된 선진국을 대상으로 장사할 때 조심해야 할 요소다. 시쳇말로 돈 좀 벌고 나면 눈에 뵈는 것이 없어질 때, 겸손해야 한다. 그들은 그저 후발주자들의 손과 발을 빌려서 편하게 살려는 것이지, 공짜로 돈을 가져다바치는 어리석은 집단이 아니다.

이 부분은 우리나라 기업들도 특히 새겨들어야 할 부분이다. 한국 사회로 고개를 돌려보면, 요즘 한국 사회는 일등주의가 너무 지나치다. 그래서 잠시 일등 자리에 앉게 되면 안하무인격이 된다. 패권주의 거대국가가 아닌 일반 나라들의 목표는 일등이나 세계재패가 아니라 행복한 삶, 그리고 상생의 국제관계 속에 자리를 잡고 앉아야 안전하다. 이런 목표는 분명 '세계 제일' 이나 '세계 최초' 에 비하면 패배적이고 사대적으로 보일 것이지만, 그런 엄청난 구호를 외치는 자들은 협잡꾼이라는 사실을 명심해야 하며, 좌충우돌하는 그들이 일을 저질러 놓으면 다른 사람(보통국민)들이 책임져야 한다. 멀리 갈 것도 없이 한국에서의 IMF 사태가 그 전형이다.

도요타는 일찍부터 다른 일본차 회사보다 조직력이 좋았다. 그들은 기술개발보다 재고관리와 원가절감 등 경영전략에서 앞섰었다. 도요타는 JIT(Just In Time)라는 구호로 하청업체들에게 자신들의 부품이 필요한 시기에 맞추어서 부품을 공급하게 했다. 재고부품을 전혀 가지고 싶지 않으니 여러 개 동시에 납품하지 말고 필요한 개수만큼만 조립에 소용될 시간에 맞춰 공급하라는 주문이다. (이 구호는 삼성그룹에 수입되어 '구매의 예술화' 라는 구호로 옷을 갈아입은 적이 있다.) JIT 운동으로 도요타는 멋진 경영성과를 올렸지만, 부품업체들에게는 죽으라는 이야기다. 중국집 배달로 비유하면, 자장면 먼저 보내고 나서 다 먹었다고 전화 오면 그때 다시 군만두를 배달하라는 이야기다. 상생의 도를 잊고 아래로는 부품업체들의 목을 비틀었다. 위로는 사세를 번듯하게 확장하면서도 기술개발은 등한히 했다.

전기모터와 가솔린 엔진을 동시에 가진 하이브리드 자동차인 프리우스(Prius)는 주문이 많았지만, 생산이 못 따라와서 못 판 적이 꽤 있었다. 구색 맞추기 정도로만 생각한 탓인지, 생산량이 많지 않았고, '환경보호도 좋지만 파워가 너무 약하다'는 소비자들의 불만을 기술개발로 넘지 못했다. 해마다 캠리를 화장빨만 살짝 바꿔 시장에 내어놓은 일을 한 지도 10년이 넘었다. 하지만 개발비도 안 들어가는 치장만 바꾼 자동차 가격은 계속 올랐다. (이를 생각하면 현대차도 사정은 비슷하다. 누구에게 배웠겠는가?) 시장에는 언제나 식상한 모델이 비슷한 모습으로 매년 등장했다. 그리고 고급기종인 렉서스는 사실 벤츠 흉내를 낸, 아무 개성도 없는 차다. 외관과 분위기가 벤츠와 너무 유사하다. 미국고객들은 독일차는 너무 비싸니 차선의 선택으로 사는 것일 뿐이다.

필자는 일찍이 미국의 지인들로부터 렉서스를 사는 사람들을 이해할 수 없고, 도요타의 디자인과 모델은 너무 단조롭다 못해 지루하다고 들어왔었다. 그렇게 느낀 사람들은 한둘이 아닐 터인데, 왜 도요타는 여전히 인기가 좋았을까? 자동차는 고가이며 안전이 중요한 상품이기 때문에 명성을 만들기도 어렵지만, 이미 만들어진 명성은 하루아침에 무너지지 않는, 관성이 큰 산업이기 때문이다. 이런 특성상 경영진들은 만사가 좋아보이던 때에 뭔가 문제가 있다는 조짐을 알아차리기는 어려웠을 것이다. 상명하복의 일본문화도 현장의 크고 작은 위기감들이 위로 올라오지 못하는데 일조했을 것이다.

도요타 실패의 첫 번째 이유를 정리하면, 지나친 패권주의와 팽창주의 그리고 세계화가 경영과 기술의 보급로를 너무 길게 늘어뜨리면서 생긴 현상이다. 보급로가 길어지는 상황은 전쟁에서 발생하지만, 대국의 거대한 시장을 대상으로 한 산업에서 외형이 커지면서 인풋(Input)이 바로 아웃풋(Output)으로 안 나오는 현상이기도 하다. 문제가 있어도 문제에 제대로 접근하는 사람도 없고, 해결책도 아래까지 명확히 전달되지 않는 공룡화 현상이다.

둘째는 기술적인 측면에서 과다하게 전자화한 것이 문제라고 생각한다. 현재 자동차는 전자화가 너무 지나치다. 전자화되면 문제가 없을 때는 아주 편하다. 예를 들면, 요즘 자동차 창문은 손가락으로 스위치만 누르면 내려가는데, 옛날 기계식은 계속 핸들을 비틀어야 했다. 예전 자동차의 경우, 조수석 창문을 내릴 경우 몸을 한참 눕혀서 낑낑거리며 핸들을 돌렸던 기억이 있을 것이다. 요즘은 손가락만 까딱하면 된다. 그런데 고장이 나면 정말 골치 아프다. 창문내리는 스위치가 망가졌다면 창문을 어떻게 내릴 것인가? 창문이야 안 내리면 그만 이지만, 중요부품들이 고장 나면 고치기를 포기하고 그냥 전체를 갈아버린다. 내부 전자회로에 무엇이 고장인지 알 길이 없기 때문이다.

왜 자동차에 전자부품이 많아지는 것일까? 두 가지 이유가 있다. 우선은 사람들이 편의주의에 길들여져서 수동을 싫어한다. 죄다 자동을 원한다. 스위치만 누르면 지붕이 열리고, 손가락으로 목적지를 찍은 후 GPS가 갈 길을 알려주길 기다린다. 하지만 고장이 나면 운전자는 바보가 되어 아무 것도 할 수 없게 된다.

다른 이유는 전자부품은 모듈화가 쉽고 조립도 쉽다. 모듈화란 여러 부품을 모아서 큰 하나의 부품으로 만드는 것을 말한다. 몇 가지 비슷한 기능들을 다 모아 하나의 부품으로 만드는 것이다. 그리고 전자부품의 조립은 선만 제대로 연결하면 된다. 기계처럼 볼트로 죄고 기름을 바르고 평행을 맞추는 등의 행위가 필요하지 않다. 조립이 훨씬 단순해지기 때문에 제작비가 적게 든다.

그러면 전자화의 문제는 무엇일까? 전자회로는 두 가지에 아주 약하다. 하나는 열, 다른 하나는 진동이다. 전자회로에는 기본적으로 전기저항에 의한 열이 발생하는데, 오래 사용할 경우 열은 접촉부분을 가열하여 접촉 불량이 생기게 하거나 회로의 성능자체를 떨어지게 한다. 심한 경우에는 오동작을 일으키게 한다. 진동은 접촉부분이나 연결부분을 느슨하게 하여 접촉 불량을 일으킨다. 진동이 없는 가전제품, 예를 들면 TV는 CD를 돌리는 기능이 있는 오디오보다 고장률이 훨씬 낮다. 그리고 열이 별로 안 나는 라디오나 휴대전화 같은 전자제품은 반영구적이다. 하지만 이런 제품도 진동을 받으면(떨어뜨리면) 고장확률이 아주 높아진다.

열과 진동에 약한 전자부품을 자동차에 사용하면 어떻게 될까? 모두가 알다시피 자동차는 엔진의 연소를 통해 열을 발생시키는 기계다. 그리고 비포장도로는 물론이고 잘 포장된 고속도로 위를 달려도 반드시 진동을 동반한다. 전자장치에 가장 해로운 진동과 열을 피할 수 없는 기계가 자동차다. 앞에서 예로 든 창문작동 스위치는 안전에 큰 문제가 없지만, 엔진을 컨트롤하는 전자회로들은 안전에 직결되는 부품이다. 엔진을 컨트롤한다는 말은 엔진을 막고 있는 밸브를 적정한 시기에 열어서 이미 연소된 가스를 내보내는 동시에 신선한 연료를 엔진 내로 불러들인 후 밸브를 막고 불을 붙이는 동작을 조절한다는 말이다. 이때 주입되는 연료의 양에 따라 자동차는 더 빨라지기도 하고 늦어지기도 한다. 타이밍이 잘 안 맞으면 엔진이 꺼지기도 하고, 연료를 대량 주입하면 속도는 계속 높아진다. 문제는 요즘 차들은 주행 중에 엔진이 꺼지면 브레이크도 잘 안 듣고, 핸들도 잠겨서 안 틀어진다. 브레이크와 핸들조절장치들에 전기 공급이 중단되기 때문이다. 운전자가 어떻게 해볼 도리가 없다.

자동차의 지나친 전자화는 문제가 있지만 전자화의 문제가 무엇인지 정확하게 밝히기는 참 어렵다. 위에서 언급한 것처럼 열에 의해 전자회로는 오동작을 하기도 한다고 했다. 왜냐하면 과다한 열을 받으면 전자회로의 특성이 바뀌기 때문이다. 그래서 열을 받았던 회로가 오동작을 해서 판매처에 항의하러 갔다고 하자. 잠시 차를 세워두고 서비스 담당자와 옥신각신 하다가 차를 점검하면 이미 온도가 내려간 전기회로는 다시 멀쩡하게 정상으로 작동하는 경우가 왕왕 생긴다. 소비자는 바보 아니면 거짓말쟁이가 됨과 동시에, 본인 스스로도 귀신에 쓰인 것인지 도저히 이해할 수가 없게 되는 것이다.

신뢰성에 약간의 의문이라도 있는 회로들은 사용을 금지시켜야 하며, 성능에 문제가 있을 때 계기판에 표시되게 하고 자동으로 기록해 두는 블랙박스 장치들을 자동차에 장착해야 하지만, 자동차 회사들이 자기 목에 방울을 달려고 하지는 않을 것이다. 전자화의 재앙이다. 편한 만큼 부작용이 있는 것은 자연의 이치이니 지나친 편의주의는 마땅히 경계해야 하는데, 도요타를 비롯한 일본 자동차들은 자신들의 강점인 전자기술로 재미를 톡톡히 보다가 그만 자신들의 발등을 찍은 것이다.

셋째는 외부 요인인데, 미국 자동차 회사들의 상대적인 열세가 더 지나친 반응을 유도했다고 볼 수 있다. 필자가 처음 미국에 정착한 90년대 후반, 미국의 기름 값은 갤런당 1달러 (당시 환율 적용하여 리터로 따지면 300원!) 정도 했다. 월마트에서 파는 생수가격에 불과했다. 이때부터 덩치와 엔진성능이 지나치게 큰 SUV 차량(트럭형 승용차)들이 많이 나오기 시작했다. 보통 차들은 2만 불 이하였지만, SUV 차량은 3만 불부터 시작했고 옵션을 붙이면 쉽게 4만 불까지 올라갔다. 당연히 보통 차들보다 이윤이 더 많이 남게 되니 미국 자동차 회사들은 재래식 승용차는 명맥만 유지시키고 SUV를 대량으로 만들기 시작했다.

이 차들은 크고 높고 4륜구동이며 파워가 좋다. 가장 미국적이고, 웬만한 짐들은 다 실을 수 있어 실제로 아주 편하다. 하지만 고유가 시대가 오면서 스포츠 유틸리티 차량들의 판매는 된서리를 맞고 급히 냉각되었다. 긴장감 없이 해마다 슬그머니 가격을 올려오던 미국자동차 회사들은 이때부터 엄청난 시련에 직면하게 되었다. 때늦게 소형차에 집중하려고 했으나, 손이 큰 서양 사람들의 기술이 축소지향형 일본자동차 회사들의 앙증맞은 기술을 앞설 수는 없었다.

자동차 시장은 가전시장과는 다르게 미국 제조업의 자존심이라는 측면이 있다. 인구 3억의 나라에 총 등록 자동차 대수가 인구수와 유사하게 3억 정도인 나라가 미국이어서, 18세 이상 성인은 거의 일인당 차 한 대씩 있는 나라이며, 대부분의 지역에서 차 없이 산다는 것은 신발 없이 걸어 다닌다는 것과 유사한 이야기가 된다. 즉, 미국은 외국차들을 미국시장에 불러들여 대등한 경쟁구도로 가는 정도를 바라는 것이지, 가전시장처럼 미국시장을 송두리째 내어줄 생각을 하지 않는다. 이런 상황에서 도요타의 약진은 상당히 위협적이었을 것이다. 도요타 사태를 미국의 음모론으로 볼 수는 없지만, 미국 자동차 회사들의 두려움이 도요타 사태의 반응을 상당히 증폭시키는 역할을 한 것만은 사실이다. 이번 기회에 확실히 밟아두자는 마음이었을 것이다.

이런 측면을 보면 너무 혼자만 앞서가는 것은 위험하다. '세계 제일' 이라는 말은 멋있지만, 다시 생각해보면 그 다음은 정상에서 내려올 일만 있는 셈이다. 독보적 선두는 모든 바깥의 적들을 쉽게 연합하게 만들어 네거티브 파워를 키운다. 그러므로 혼자 보다는 둘이나 셋이 함께 경쟁하며 뛰는 것이 안전하다. 외부 상황만이 아니라 내부 상황도 그렇다. 예를 들어보자. LG가 없었다면 삼성이 저렇게 클 수 있었을까? 상호 견제와 긴장감이 오만을 막고 성실하게 한다. 추격해오는 LG가 없었다면 삼성은 경쟁 없는 국내시장에서 혼자 우쭐해하느라 벌써 내리막에 있었을지 모른다. 그리고 LG가 있기에 외국 경쟁사들이 삼성을 죽일 음모를 만들기 어렵다. 삼성을 죽여도 LG가 있기 때문이다.

경제전쟁에서 경쟁자는(국내든 국외든) 죽여야 할 적이 아니라, 나를 돌아보게 하는 거울이며 나를 긴장하게 만드는 파트너라는 시각이 필요하다. 비슷한 가운데 차별화가 상생의 전략이다. 상대가 죽을 때까지 가격을 낮춰가며 버티다가 상대가 죽고 나면 이전 손해까지 얹혀서 가격을 올리는 전략은 적의 등에만 아니라 자신의 배에도 비수를 꼽는 자학적 전략이다. 버티는 동안의 손해가 너무 크고, 그 후에 가격을 올리면 소비자들의 거센 비난에 직면할 것이다.

중국의 추격을 지켜보고 있는 우리나라 기업들의 전략은 이 부분을 많이 고려해야 한다. 중국기업들을 죽여야 우리가 산다고 생각해서는 생존이 어렵다. 덩치나 숫자에서 너무 밀리기 때문이다. 6·25때 인해전술에 밀린 기억을 잊지 말아야 한다. 저들을 물리치기 보다는 악어와 악어새 같은 공존을 모색해야 한다. 우리는 중요기술을 공급하고 중국은 조립과 저급기술을 제공하는 방식의 파트너가 될 수 있는 방법을 모색하는 것이 현명하다. 전면전으로 붙었다가 장렬하게 전사하는 것을 너무 폼 나게 생각하는 굳은 사고를 바꾸어야 할 때다. 하지만 불행하게도 우리나라 언론들은 멋있게 한 판 붙어보라고 부추기는 선동에만 능하다.

도요타 사태는 이미 터진 일이지만, 벤츠가 크라이슬러와 합하고 볼보가 포드와 합친 것처럼 도요타도 미국 어느 회사와 어떤 형태로든 제휴했더라면, 여러 가지 측면에서 이번 사태를 풀기가 쉬웠을 것이다. 르노가 삼성자동차의 지분을 대거 소유하면서도 회사이름이 삼성자동차로 불리게 만든 것으로 르노는 한국소비자들의 반감이나 염려를 쉽게 피해오고 있다. 얼마나 얄밉도록 약고도 실리적인 경영기술인가? 한때 기술의 상징이던 소니도 지금 우리나라 기업들에게 밀리니, 스웨덴의 에릭슨을 업고 동맹을 맺었다. 소니처럼 이미 만신창이가 된 후에 맺은 동맹은, 약간의 도움은 되겠으나 그들 입장에서는 만시지탄이다. 소니와 에릭슨의 동맹사례는 필자가 세계시장에서 상생의 경영을 언급한 구체적 사례인데, 도요타를 위한 구체적 대안이 될 수도 있지만 이미 기회는 지나버렸다. 우리 기업들도 중국의 약진을 전면으로 막기보다 상생의 관계를 찾는 전략적 제휴를 염두에 두길 바란다.

이상의 세 가지를 정리해보면, 근래의 자동차 산업에는 세계화 대형화 전자화 등의 IT적 요소가 제조업에 너무 많이 반영되었다. 제조업의 참된 정신은 근로자와 고용주가 상생하며, 고기술의 장인정신을 지향하는 것인데, 덩치는 키우고 원가는 줄이려 임금 낮은 곳을 찾아 공장을 이전하는 경영은 제조업적 낭만도 미덕도 잊어버린 방식이다. 순수 제조업적 가치가 살아있는 고기술 기업은 엄청난 호황도 없지만, 경제위기가 스쳐만 가도 머리위에 얼음 얹고 앓아눕지도 않는다. 미국과 영국이 허덕거릴 때 독일은 건실한 것처럼 말이다.

도요타 자동차의 위기가 우리나라 자동차 회사에 호기가 될 뿐만 아니라, 곱씹어보아야 할 반면교사가 되길 바란다.

정보통신의 역사

현대 문명 속을 걸어온 발자취

이 책은 정보통신과 제조업의 관계를 논의한 책인데, 제1장에서는 우선 정보통신 기술을 이해하기 위해 그 역사와 함께 개념을 짚어볼 것이다.

'디지털' 이라는 단어를 수없이 들어보았지만, 아직 확실히 모르는 독자들과 무선통신이 어떻게 시작되었는지 궁금한 사람들을 위해서, 정보통신의 태생과 기술적 특징을 설명했다. 신기술인 정보통신을 이해하는 것은 현대사회를 사는 시민이라면 당연히 알아야 할 교양이다.

마르꼬니의 무선신호, 대서양을 넘다

정보통신은 전기신호를 사용한다. 종이 위에 정보를 쓸 때에는 정보 전달을 위해 물질(종이)도 함께 전달했다. 물질 전달 없이 원거리에서 육안으로 확인할 수 있었던 봉화는 '원시 광통신' 이라고 할 수 있지만, 메시지가 너무 단순하다. 전기를 이용하면서부터 인류는 빛의 속도로 정보를 전달할 수 있게 되었다. 전자 한 개는 약 10^{-19}쿨롱(Coulomb)의 전하를 띄지만, 무게는 10^{-30}kg밖에 안 된다. 전자의 전하량을 무게로 나눈 값은 '신호성 대비 물질성' 이라고 말할 수 있는데, 위의 숫자에서 보면 그 값이 약 1천억 정도다. 전기는 물질적 특성(무게)보다 신호적 특성(전하)이 훨씬 커서, 중력에 얽매이지 않고 빨리 뛸 수 있다는 이야기다. 그러므로 전기의 발견은 정보통신의 출발점이다. 물체를 문지르면 발생하는 대전 현상을 이해했던 고대 그리스 사람들이 처음으로 전기에 주목했다. 전자(electron)라는 말은 그리스어 elektron에서 왔는데, 한복 앞에 달리는 호박(Amber)을 말한다. 송진 덩어리인 호박이 대전되어 가벼운 것들을 끌어당기는 것을 보고 붙여진 이름이다.

전기는 발명되었다기보다 발견되었다. 하지만 전기를 이용하기 쉬운 형태로 만들어서 저장하고, 보내는 장치들은 발명이다. 이탈리아의 볼타(Alessandro Volta)는 1800년, 최초로 전지를 만들어 당시 유럽을 재패했던 나폴레옹 앞에게 불을 밝혀 보였다. 그 후 몇십 년이 지나 1840~1850년경에는 모르스부호가 발명되는 등 여러 과정을 거치다가, 드디어 음성을 전기신호로 전환하는 꿈이 1876년 미국의 벨(Alexander Graham Bell)에 의해 실현되었다. 그가 발명한 전화는 영국 과학자 페러데이(Michael Faraday)가 내놓은 이론을 실용화한 것일 뿐이지만, 이론과 실제 사이에 존재하는 장벽을 뛰어 넘는 것은 쉬운 일이 아니다. 하지만 벨보다 16년 먼저 전화를 발명하고도 특허등록비가 없어 특허를 미루었다는 이탈리아의 안토니오 메우치(Antonio Meucci), 그리고 벨보다 겨우 두 시간 늦은 신청으로 특허를 놓쳤다는 미국의 엘리샤 그레이(Elisha Gray)도 기억해주자. 2002년 6월, 미국 하원에서는 이탈리아의 메우치가 최초의 전화 발명자라는 사실을 인정하는 상징적 법안을 발표하여, 메우치의 업적을 확인해주었다.

전화는 전선을 깔아야 한다. 당시는 구미열강이 세계도처에서 배로 물건들을 실어 나르던 때인데, 배들은 전화를 이용할 수 없었다. 그러던 와중인 1888년 스트라스부르그 대학 교수였던 독일사람 헤르츠(Heinrich Hertz)가 스파크를 이용한 무선신호 송수신에 성공한다. 이 무선신호는 멀리 못 갈 것으로 생각되었다. 거리가 멀어질수록 방사형으로 퍼져나가는 무선신호는 약해지고, 직진하는 전파가 둥근 지구표면을 따라 돌아줄 이유도 없기 때문이다. 그러나 무선통신의 가능성을 믿고 영국으로 건너갔던 이탈리아 사람 마르꼬니(Gugliemo Marconi)가 만든 전파는 대서양을 뛰어넘는데 성공한다. 1901년 영국을 떠난 'S' 자 신호가 대서양을 넘어 캐나다에서 선명하게 잡혔으니 말이다.

지구를 감싸고 있는 전리층이 직진파를 반사해주었기에 영국을 떠난 신호가 캐나다에서 잡혔다는 사실을 몰랐지만, 마르꼬니는 유럽과 북미를 연결하는데 성공한 것이다. 이 공로로 마르꼬니는 독일의 브라운과 함께 1909년 노벨 물리학상을 수상한다. 전파에 의한 통신은 거리가 멀어질수록 수신할 수 있는 신호 크기가 줄어든다는 것이 문제다. 이 문제는 1906년 미국의 포레스트(Lee de Forest)가 증폭기능을 가진 3극 진공관을 발명하면서 해결되었다. 진공관은 미약한 신호를 키울 수 있다. (진공관이 신호를 키우려면 별도의 전기를 공급해주어야 한다. 진공관이나 트랜지스터나 에너지 보존법칙을 어길 수는 없다.) 진공관의 증폭기능 발명에 힘입어 1920년경에는 본격적인 라디오 방송이 시작된다. 이제 전화선 없이도 사람들의 목소리가 전달되는 시대가 되었다. 바다 위에서건, 산 위에서건 사람들은 먼 곳에서 무슨 일이 일어났는지 상세히 알 수 있게 되었으니, 인간의 유비쿼터스적 삶은 라디오에 의해 처음으로 구현되었다고 할 수 있다.

라디오가 전화와 다른 점은 정보를 모두에게 전 방위로 전송한다는 것이다. Broadcasting이라는 영어단어는 넓게(Broad, 放) 던진다(Cast, 送)는 뜻이니, 참 잘 만들어진 단어다. 방송은 다른 사람이 수신한다고 약해지는 것이 아니므로, 인간이 만든 문명에서 방송만큼 모두가 골고루 누릴 수 있는 것이 없다. 여기서 우리는 정보통신이 그 태생부터 매스컴과 긴밀한 유대를 형성한다는 데 주목해야 한다. 정보통신은 개인을 집단과 엮어주므로 정보통신을 장악하면 여론의 눈과 귀를 마음대로 주무를 수 있다. 그래서 우리나라 근대사에서도 5.16이나 12.12 쿠데타 당시 가장 먼저 방송국이 장악되었다.

TV가 라디오에게 안구를 제공하다

라디오와 TV를 비교하라면, '백문이 불여일견' 이라는 속담만 들이대면 된다. 한국광고시장의 총광고비를 비교해보면 TV 광고비가 라디오의 10배 정도 된다고 한다. 제일기획 발표에 따르면 2006년 기준으로 우리나라 광고시장은 총 7조6천억 원 정도인데, 이중 TV가 차지하는 광고비가 2조2천억인 반면, 라디오는 2천800억 원 정도로 집계되었다. TV광고료는 총광고비의 1/4을 넘었으며, 케이블 TV 광고가 증가하고 있어 TV는 광고시장 전체의 1/3 정도는 차지할 것 같다. 그나마 라디오가 구석까지 몰리지 않는 것은 운전하는 시간이 있기 때문이다. 사실 현대인은 출퇴근 시간, 자는 시간만 빼고는 영상매체에 자기 시간 전부를 갖다 바치고 있다. 출근해서는 컴퓨터, 집에 오면 TV, 자기 전에 또 컴퓨터, 주말에는 영화다. 사극드라마는 책 읽을 시간을 뺏고, 연애드라마는 사람 만날 시간을 줄여버린다. 이런 애증의 바보상자, TV의 역사를 살펴보자.

독일의 브라운(Karl Ferdinand Braun)이 1897년에 브라운관을 발명하였고, 파른스워스(Philo Taylor Farnsworth)가 1927년에 최초로 샌프란시스코에서 TV를 선보였다. 파른스워스와 협력하던 RCA 회사는 그에게 특허 판매를 요청했으나 거절당하고, RCA의 러시아 출신 사업가 사르노프(David Sarnof)가 이끄는 팀이 1931년에 보다 발전된 형태의 TV를 내어놓았다. 그래서 사르노프는 1939년 뉴욕 세계무역박람회에서 미국의 TV 방송 시작을 선언한다. 하지만 BBC가 이미 1936년에 TV방송을 개시했으므로 TV 수상기는 미국이 앞섰지만, 방송운영은 영국이 앞섰다.

1932년의 소송에서 RCA사는 파른스워스에게 패하여 특허료를 지급하였다. 미국법원이 공식적으로 파른스워스가 TV 발명자임을 밝혀주었음에도 RCA사가 TV를 개발한 것으로 아는 사람들이 많다. TV 방송 시스템을 RCA사가 맡아서 진행했으며, 칼라 TV도 RCA사가 개발한 탓일 것이다. 금속활자는 우리나라가 먼저 개발했지만, 출판은 구텐베르크가 많이 하여 명예를 빼앗긴 것처럼 말이다. 세계최초 개발도 중요하지만, 얼마나 많이 보급하느냐가 더 중요함을 알려주는 대목이다.

1954년에는 미국에서 컬러 TV 방송이 시작되었고, 우리나라에서는 1956년에 처음으로 흑백 TV 방송을 시작했다. 1966년에는 금성사가 진공관식 19인치 TV를 제작하여 시장에 내어놓았다. 이 시절에는 화면 앞에 미닫이가 있어 열쇠를 잠가두던 '가구식 TV'가 많았다. 이장집 마당에 동네사람들이 모여앉아 TV를 보느라 왁자지껄하던 모습은 70년대 초의 전형적인 저녁풍경이었다. 거구의 일본 레슬러들을 박치기 한 방에 보내버리던 김일 선수, 와지마 고이치를 KO로 눕히던(1975년) 유제두(1948년~) 선수를 응원하며 사람들은 열광했다. 일요일 저녁 최불암의 얼굴과 함께 음산한 음악이 흐르며 수사반장이 시작되면, 긴장감으로 숨소리마저 죽이며 TV를 응시하던 꼬마들이 지금의 4~50대들이다.

현재 TV는 미국 캐나다 일본 한국 대만 필리핀과 중남미지역이 NTSC 방식으로 방송하며 프랑스와 러시아 동구권 아랍지역은 SECAM 방식을 사용하고, 영국 독일 이태리 중국 북한은 PAL 방식이다. TV 전송체계를 통일하려고 국제회의도 많이 했다는데, 결국 신생독립국가들은 과거 지배자와 동일한 전송방식을 사용하고 있다. 자! 그런데 여기부터 점점 어려워진다. 다른 전송방식이라고 소개된 NTSC SECAM PAL은 대중에게 너무 생소한 단어다. 내용은 쉽게 이해하기 어려운데, 분명한 것은 호환성이 없다는 것이다. 즉 프랑스에서 TV를 사서 미국에서 사용하면 화면이 안 나온다. 전송방식이란 화상신호를 어떤 순서나 형태로 보내느냐 하는 지엽적인 이야기지만, 기술적으로는 대단히 중요한 부분이다. 여기에서부터 대중들은 현대기술의 의사결정에 참여하기 어려워진다.

1954년에 컬러 TV가 나왔지만 그 이후로 지금까지 이렇다 할 기술적 진전을 보이지 못했다. 아마 이 시기에는 사람들의 관심이 전부 컴퓨터로 쏠린 탓일 것이다. 컴퓨터는 나오자마자 눈부신 진화를 거듭했지만, TV는 두께나 좀 얇게 하고 절전경쟁이니 화질경쟁이니 하며 시간을 보낸다. TV 하드웨어가 별 신통한 이슈를 못내는 동안, TV 프로그램의 힘은 거대해졌다. 실제로 신문에 백 번 나는 것보다 TV에 한 번 나오는 것이 더 광고효과가 크다. 이제 TV는 가장 큰 권력을 가진 매체로 부상했다.

언제부터인가 HD-TV란 말들이 나오다가 지금은 디지털 TV와 고화질 TV(HD-TV)가 거의 구별 없이 쓰이고 있다. 고화질 TV에 대한 계획이 있을 때, 미국이 먼저 디지털로 가자는 의견이 있었지만 당시 기술로는 불가능하다고 아우성이었는데 이제는 모든 TV가 디지털로 가고 있다. HD-TV는 고화질 TV를 말하고, 디지털 TV는 고화질을 달성하려고 채택된 방법이다. 한 때는 이 고화질 TV가 세상을 확 바꿀 것처럼 야단법석이더니 지금은 조용해졌다. 전혀 새로운 기능이 생긴 것도 아니고 화질만 좋아진다니 관심이 뜨악해진 면도 있다. 한국은 2012년부터 모든 TV 방송이 디지털로 갈 예정이다.

이제 TV는 컴퓨터에 뺏긴 고객을 되찾으려고 쌍방향 TV를 들먹이고 있다. 보기만 하는 TV가 아니라, 시청자들이 리모콘으로 눌러 퀴즈프로그램에도 참가하고, 즉석에서 여론조사나 경매를 할 수 있게 하자는 이야기다. 그래서 앞으로는 TV에서 리모콘으로 참여하는 즉석복권 같은 사업도 나올 것이다. 기술이 발전할수록 사람들은 생각할 시간 없이 어딘가에 엮이고 만다. 과거에 라디오만 있던 시절에는 라디오 들으면서 다른 일이 가능했다. 애들은 공부하고 어머니는 뜨개질, 아버지는 신문을 보셨다. 하지만 TV가 들어오면서부터는 다른 일은 아무 것도 못하게 되었다. 초상집 상주처럼 꼼짝 없이 그 앞을 지켜야 하는 것이다. 다행한 것은 소파에 반쯤 누워 보는 자세의 자유만은 허용된다는 점이다. 하지만 컴퓨터가 들어오면서는 이 자유마저 빼앗겨 똑바로 앉아 책상에 다소곳이 손을 올려놓고 있다. 앞으로 정보통신이 인류에게 요구할 속박의 끝은 어디일까?

1.3 찰떡궁합, 컴퓨터와 인터넷

1.3.1 컴퓨터

컴퓨터는 원래 군사용으로 처음 개발되었다. 그러다가 민간 세상까지 장악했으니, 군사쿠데타의 주역이다. 17세기에 프랑스 수학자 파스칼(Blaise Pascal)이 만든 계산기 원리가 현대의 컴퓨터와 비슷했다고 한다. 하지만 근대적인 컴퓨터는 1946년 미국 펜실베이니아 대학에 설치되었던 ENIAC이다. 그리고 현재의 컴퓨터 운영, 계산방식의 원조는 프린스턴 고등학술원(Institute for Advanced Studies) 연구원이었던 헝가리 수학자 폰 노인먼(John von Neumann)과 프린스턴 대학 수학과에서 박사학위를 받은 영국인 튜링(Alan M. Turing) 두 사람을 꼽을 수 있다.

폰 노인먼과 다르게 튜링은 잘 알려져 있지 않다. 튜링은 영국으로 건너가 제2차 세계대전 동안 독일의 암호전보문을 풀어낸다. 이때 그가 사용한 방식이 컴퓨터 프로그래밍의 시초다. 여러 가지 경우를 조합하여 계속 대입해보며 독일의 암호전보문을 해독했던 것이다. 실제 그가 사용했던 컴퓨터는 미국의 에니악보다 몇 년 더 앞선 것이었다. 그는 불행하게도 동성애자였고, 엄격했던 영국사회는 승전 영웅이었던 그를 무자비하게 다뤘다. 강제로 여성 호르몬 주사를 맞아야 했던 그는 부풀어오는 가슴을 한탄하며 자살로 생을 마감한다.

그런데 이런 큰 컴퓨터들 이후 PC는 도대체 누가 만들었을까? PC의 역사를 보자. 1947년 트랜지스터가 발명되었다. 크기도 작고 전력소모도 적은 트랜지스터는 전자제품의 소형화를 가능하게 했다. 트랜지스터 덕택에 1976년 애플사가 최초의 개인용 컴퓨터를 개발한다. 그 후 1981년 IBM 컴퓨터에 마이크로소프트사의 DOS 운영체계가 깔린 개인용 컴퓨터 IBM 5150 PC가 나오면서 사람들의 입에 PC라는 말이 자연스럽게 오르내리게 되었다.

우리는 여기에서 IBM과 애플사의 전혀 다른 전략을 보자. 앞서거니 뒤서거니 개인용 컴퓨터를 개발해오던 IBM과 Apple사는 그 뒤에 상반된 전략으로 시장에 나섰다. IBM은 연합해서 세력 불리기 작전으로 나갔다. 인간의 정신에 해당하는 컴퓨터 운영체계는 빌게이츠에게 맡기고, 두뇌에 해당하는 프로세서 칩은 인텔사로부터 공급받았다. 그리고 자신들 PC의 구성과 구조를 전부 공개했다. 그 결과 시장은 'IBM 호환기종' 이 장악했다. '진짜 IBM이면 더 좋고, 가짜라도 잘 돌기만 하면 OK!' 라는 인식이 생겨났다. 더 시간이 지나면서 PC는 부품별로 판매되어 약간의 지식만 있는 사람이라면 장난감 조립하듯 컴퓨터를 만들 수 있게 되었다. 그 덕택에 성능이 애플보다 떨어진다는 평가에도 불구하고 IBM은 시장을 석권했다. 현재 IBM의 PC형 컴퓨터 시장 점유율은 약 95%! 독점도 이런 독점이 없다. 하지만 IBM 회사 자체는 어떻게 되었을까? 싸구려 기계들에게 밀려 요즈음은 IBM에서 만든 PC를 찾아보기 어려워졌다. 과거 자기들 하청업체에 지나지 않던 마이크로소프트가 더 유명해졌으니, 시장의 권력도 정치권력만큼이나 무상하다.

애플사는 경쟁사 IBM과는 다르게 패쇄 정책으로 나갔다. 자신들이 직접 운영체계도 개발하고 프로세서도 개발하였으며, 심지어 자판과 마우스에까지 애플 로고를 찍었다. 응용프로그램들이 우아하고 성능이 좋다는 평을 들으면서도, 폐쇄성 때문에 맥킨토시는 보급에 실패했다. 현재의 고객은 과거부터 애플만 사용해오던 일부 추종자들, 편집이나 음악을 하는 사람들뿐이다. 전체 시장 점유율은 겨우 5% 정도. 이런 빈약한 보급률로 인해 90년대 중반까지만 해도 곧 사라질 것 같던 애플사가 최근에 다시 반등세를 타고 있다. 디지털 사진을 편집할 수 있는 포토샵, 그리고 컴퓨터에서 만든 서류를 복사한 문서처럼 만들어주는 Adobe 프로그램을 발표했으며, 과거 소니사의 워크맨을 줄여놓은 것 같은 iPod도 히트를 쳤다. 애플은 IBM에 밀렸지만 일정 몫을 그대로 유지하고 있는 반면, IBM PC는 '복제기계' 들만 남기고 도태된 사실이 흥미롭다. 폐쇄정책은 외면당할 위험, 개방정책은 카피당할 위험이 있는 법인데, 이런 실례가 컴퓨터 역사에서 그대로 나타난 것이다. 이렇게나 저렇게나 이 두 회사는 미국의 세계 지배에 일조한 거물들이다.

사람들은 맥킨토시의 귀엽고 깜찍한 디자인을 좋아한다. 그들의 로고, 먹다 남은 사과는 얼마나 도발적인가? 인간의 탐심과 로맨스를 동시에 자극하는 문양이다. 이 애플사의 로고를 놓고 구구한 해석이 있지만, 사과는 늘 인류와 역사를 같이 해왔다. 사람들은 성경에 나오는 선악과를 사과라고 생각한다. 그 사과를 먹던 아담의 목에 사과가 걸린 것이라고, 남자들의 목젖을 영어로는 아담스 애플(Adam' s apple)이라고 한다. 뉴턴이 떨어지는 사과를 보고 만유인력을 발견했다는 설, 스위스 민화에서 윌리엄 텔이 자기 아들 머리 위에 놓여 진 사과를 화살로 맞추었다는 이야기 등 사과에 얽힌 역사와 설화들이 많다. 이 아름다운 동화들이 잊혀 질 즈음에 애플사가 디지털의 전설을 만든 것이다.

우리는 컴퓨터의 정보처리 능력에만 찬사를 보내기 쉽지만, 사실은 입출력장치인 모니터와 키보드의 공도 크다. '꼬리가 긴 생쥐' 마우스도 한몫 단단히 했다. 키보드로 명령을 타이핑하는 것 대신 아이콘 클

릭으로 입출력을 단순화시킨 것은 혁명이었다. 컴퓨터의 계산능력이 아무리 진화했더라도 입력과 출력을 즉석에서 확인해볼 수 없는 구조가 아니면 곤란하다. 입출력장치는 우리의 눈과 입 같은 존재들이며, 인간과 기계 사이의 소통을 이어주는 매개체다. 이 부분은 인간의 반응능력 때문에 상대적으로 더디게 발전해왔다. 이제 음성입력 장치도 나타났으니, 그 추이를 지켜보자.

개인용 컴퓨터의 다이어트 역사도 대단하다. 집채 같던 에니악(ENIAC)이 반세기만에 손바닥에 올려놓을 수 있는 Palm PC까지 진화했으니 말이다. 에니악의 전체 크기를 10m 10m 1m 정도로 잡는다면, 지금의 Palm PC는 10cm 10cm 1cm 정도까지 작아졌다. 이 계산 결과에 따르면, 컴퓨터는 50년 만에 부피가 백만분의 1로 축소되었으며, 50년 동안 해마다 자기 부피를 1/4씩 줄여온 '살인 다이어트'를 감행해왔다. 하지만 인간의 몸집보다 너무 작아지면 데이터를 입출력하기 불편하다. 이런 이유 때문에 출시와 더불어 몇 년 안에 노트북을 대체할 것 같던 Palm PC 는 별 힘을 못 쓰고 있다.

1.3.2 인터넷

슈퍼컴퓨터라는 강력한 계산 기능을 가진 컴퓨터가 나오자 '어떻게 이 막강한 능력을 놀리지 않고 여러 사람이 골고루 사용할 수 있을까?' 라는 고민을 하게 되었다. 그 결과 개인들이 좀 떨어진 장소에서 독립적으로 모니터를 통해 슈퍼컴에 접속하는 체계가 생겼다. 근거리 통신이라는 LAN 시스템이다. 이더넷(Ethernet)을 통한 LAN 시스템이 도입되면서 이미 인터넷을 위한 기술적인 문제는 거의 다 해결된 셈이다. 왜냐하면 주고받는 데이터들의 충돌방지, 지정된 컴퓨터에서만 데이터 수신하기, 정보통로의 교통체증 때 대기자 우선순위 매김 같은 중요한 기술이 이때 나왔기 때문이다.

80년대에 들어와서는 호스트(Host)라고 불리던 중앙컴퓨터 시대가 지나고 워크스테이션(Workstation)이라는 개별 컴퓨터로 유행이 바뀌었다. 워크스테이션은 각자의 컴퓨터가 상당히 독립적이지만, 서로 연결은 되어 있는 체계다. 만약 계산해야 할 양이 너무 많으면 내 컴퓨터를 돌리면서 다른 컴퓨터에게도 계산의 일부를 맡긴다. 옆 컴퓨터에 앉아서 작업하던 사람은 영문도 모르고 자기 컴퓨터의 속도가 느려지는 것을 경험하곤 했다. 물론 명령어 하나만 치면 지금 누가 내 컴퓨터에게 지나친 노동을 강요하는지 즉시 알 수 있었다. 여기까지 왔을 때 이미 인터넷 기술은 완성되었다. 문제는 '더 넓은 세계로 나가면 교통정리는 누가 해 줄 것인가?'라는 것과 '다른 사람들에게도 정보를 쉽게 공개하려는 사람들이 과연 얼마나 있을 것인가?' 하는 두 가지만 남았다.

통신망이 처음으로 생긴 미국은 광활한 나라다. 이런 나라에서 근거리 통신망으로는 한계가 있었다. 먼 거리를 좀 더 자연스럽게, 한 쪽

길이 막혔을 때 쉽게 다른 통로를 찾는 유연한 정보 네트워킹이 필요했다. 핵공격을 당해 다수의 정보망이 무너져도 남은 길을 찾아 정보를 전달하는 네트워킹을 만들려던 시도가 인터넷으로 태어났다. 이 당시에 나온 네트워크 이름이 아파넷(ARPANET)이다. 그러다가 1992년에 모자이크(MOSAIC)라는 웹브라우저가 나오면서 인터넷은 급속하게 확산된다. 'www' 의 세계협회 w3c(World Wide Web Consortium)가 1994년에 발족되었고, 정보의 교통체계로 TCP/IP라는 프로토콜을 채택하면서 인터넷은 친숙한 이름이 되었다. 프로토콜이란 신호를 주고받을 때 서로 형식을 맞추는 방법이다. 예를 들어 여러 장의 팩스를 보낸다면 총 몇 장, 목차, 보낸이, 받는이, 페이지 수, 끝 등의 표시를 해야 한다. 도중에 다른 팩스들이 섞이면 혼란스럽기 때문이다. 이렇게 주고받는 정보를 서로가 정한 틀에 맞추는 것을 프로토콜(Protocol)이라고 한다. 원래는 외교협약용 의전서를 가리키는 단어다.

계산이 전공인 컴퓨터가 통신으로 더 많이 쓰이게 된 것은 처음 컴퓨터를 만들었던 사람들이 상상할 수 없던 일이다. 인터넷이 생겨도 누가 자기 정보를 공개하겠느냐는 염려는 기우였다. 상업적 이용은 물론, 비영리단체도 홍보를 위해 정보를 공개하게 되었으니 말이다. 정보공급은 성공적이었다. 하지만 다른 난관에 부딪혔다. 그렇게 많은 행위를 하고 나면 누가 돈을 지불하느냐는 문제였다. 쉽게 접근할 수 있는 인터넷이기에 돈을 내라면 그만큼 쉽게 돌아선다. 1848년에 시작되었던 미국서부의 골드러시(Gold Rush) 시대가 150년 뒤 같은 장소,

캘리포니아의 실리콘 밸리에서 재현되는 듯했다. 하지만 결과는 참담했다. 수많은 IT 회사들이 도산했다. IT도 분명 황금을 캐는 골드러시다. 하지만 IT 골드러시는 승자 독식 구조를 가진다. 수많은 회사들이 추락하던 그 시대에도 마이크로소프트, 인텔 같은 거인들은 건재했다.

윈도우나 인텔칩은 도박판의 자릿세 같은 것이다. 누구나 이유 불문하고 컴퓨터에 들어오려면 사야 하는 입장료다. 이용자든 제작자든 이 두 거인에게 상납부터 해야 한다. 누가 따고 잃든 상관없이 자릿세는 내야 하므로, 땅 짚고 헤엄치는 장사다. 하지만 이 거인들의 돈벌이는 자릿세만이 아니다. 웹브라우저의 최강자이던 네스케이프(Netscape)는 끼워 팔기로 치고 나온 마이크로소프트의 익스플로러(Internet-Explorer)에 무너졌다. 그리고 빌게이츠는 이제 또 다른 상대들을 향해 무작위로 펀치를 날린다. 하지만 마이크로소프트가 몸놀림이 빠른 신인들에게 의외로 약한 구석도 있다. 인터넷 서치엔진 부분이다. 후발주자 구글(Google)의 파이팅이 정말 멋지다. 자신들은 거인들의 횡포를 닮지 않겠노라는 구글 창시자들의 윤리선언이 있었지만 앞으로 구글이 어디로 갈지는 더 지켜봐야 할 것이다.

1.4 주머니 안의 거미줄, 무선통신망

코가 꿰는 줄 알면서도 없으면 불편한 핸드폰은 이름부터가 다양하다. 우리나라와 일본에서는 휴대전화, 미국에서는 셀 폰(Cell phone), 영국에서는 모바일 폰(Mobile phone)이다. 휴대전화기의 송신장치는 신호를 보내야 하기에 어느 정도 파워를 가져야 한다. 하지만 수신장치는 신호를 받기만 하므로 작게 만들기가 쉽다. 그래서 수신기능만 있던 일명 '삐삐'가 먼저 나왔다.

휴대전화는 혼선의 우려가 높다. 전파사용은 도화지에 색깔 칠하기와 유사하다. 비슷한 색깔의 크레용을 바로 옆에다 칠하면 구별이 분명하지 않은 것처럼, 비슷한 주파수 전파들은 혼선이 생기므로 주파수

간에 간격이 필요하다. 구별 가능한 크레용 칼라의 개수가 많지 않은 것처럼 사용가능한 주파수 범위도 한정적이다. 방송용 군용 비행기 관제용 등과 중복되지 않아야 한다. 그래서 간섭 없는 영역을 만들려고 더욱 더 진동수가 높은 고주파로 나가고 있다. 전파를 주고받는 장치들은 주파수에 따라 설계가 달라지는데, 고주파일수록 안테나가 짧아지기 때문에 휴대폰을 더 작게 만들 수 있다. 하지만 고주파로 갈수록 기술적으로 어려워지고, 전파의 직진성도 커져서 중계국이 많아져야 한다.

휴대폰 기술은 벨의 음성전화기(1876년)가 나왔고, 마르꼬니의 무선신호(1901년)가 대서양을 건넌 20세기 초반에 벌써 다 나온 셈이다. 단지 가지고 다닐 정도로 작게 만드는 문제 (제작회사), 그리고 지역별로 주파수의 혼선이 없도록 하는 문제(국가행정), 중계국을 만들어 통화를 연결해주는 문제(서비스 회사)를 얼마나 경제성 있게 해결하느냐는 문제만 남겨져 있었다. 이 중에서도 가장 큰 문제는 크기와 부피를 줄이는 제작기술이었다. 한국전쟁 영화에서 무전병이 폭격 속에서 무전기를 등에 지고 뛰는 장면을 본 기억이 있을 것이다. 이 큰 덩치의 기계가 바지 주머니 안까지 들어오는 소형화는 진공관을 대신한 반도체에 의해 현실화되었다.

세계 휴대폰 단말기 역사의 양대 거성으로는 미국의 모토롤라(MOTOLOLA)사와 핀란드의 노키아(NOKIA)사를 꼽아야 한다. 모토롤라사는 1928년 시카고에서 설립된 회사이며 라디오 제작으로 재미를 보다가 제2차 세계대전 때 무전기로 명성을 드높였다. 1969년 달에 착륙한 암스트롱의 육성도 모토롤라 무전기를 통해 지구에 전해졌다. 카폰과 '삐삐'는 송수신이 가능한 핸드폰 세계로 가는 과도기였다. 삐삐를 영어로는 Beeper 또는 Pager라고 한다. 영어의 Beep는 '삐~' 소리를 나타내는 의성어다. 삐삐를 지나, 누가 송수신이 자유로운 실제적 휴대폰을 처음으로 낼 것인지, 또 만만한 가격의 휴대폰 보급은 과연 가능한 일인지 알 수 없었다. 그러다가 드디어 90년대 초, 미국 모토롤라사는 최초로 주머니에 넣을만한 접는 방식의 휴대폰 StarTACTM을 개발하여 시장을 휩쓸었다. 휴대전화에서 모터롤라는 PC에서의 인텔이 되는 것 같았다.

그런데 난데없이 북구의 바이킹들이 나타난다. 스웨덴의 에릭슨(Ericsson)과 핀란드의 노키아다. 이들이 도대체 어떻게 휴대전화 시장에 발을 들여놓게 되었을까? 노키아는 19세기 말 목재를 가공해 펄프를 만들던 회사였지만 전화서비스업을 인수하면서 점차 무선기술을 준비하기 시작했다고 한다. 미국의 모터롤라가 CDMA라는 신호처리 방식을 만들어 무선시장의 표준을 이루던 80년대, 노키아는 GSM이라는 신호처리 방식을 만든다. 이때 유럽이 노키아 방식을 채택하여 유럽전체의 무선전화 표준이 되어 버렸다(1991년). 뒤늦은 노키아의 GSM 방식이 CDMA 방식을 누르고 세계 시장의 3/4을 차지하고 있다.

여기에서 끝났다면 무선전화 역사는 백인들의 잔치로 막을 내렸을 것이다. 하지만 아시아 대륙의 동쪽 끝의 작은 나라, 한국이 전 세계 휴대전화 시장을 강타한다. 기본기술 없는 최고의 제품은 빛 좋은 개살구인가? 아니면 탁월한 응용력인가? 아직도 답을 내기 어려운 질문이지만, 삼성과 LG가 세계적 강자가 된 것만은 사실이다.

이제 미국 핀란드 한국이 왜 휴대폰 시장의 강자가 되었는지 살펴보자. 미국은 넓어서 방송이 아주 중요한 나라다. 우리처럼 '입소문' 따위는 존재하지 않는다. 미국 방송통신기능은 국가의 정체성을 통합하는 중요한 기구다. 너무 넓어서 방송을 통해서만 미국인이라는 정서를 공유할 수 있기 때문이다. 캘리포니아는 뉴욕보다 세 시간 늦다. 뉴욕에서 오전 일을 마치고 점심 먹는 12시가 캘리포니아에서는 사무실에 출근하는 아침 9시다. 뉴욕에서 LA까지 가는 비행시간이나, 뉴욕에서 반대방향으로 바다 넘어 런던까지 가는 비행시간이 동일하니, 그 넓이를 상상하기 어렵다. 인구 구성도 다양하다. 이런 복잡한 나라를 방송과 통신으로 엮지 않는다면 무엇으로 '우리는 하나'라는 정서를 공유할 수 있겠는가? 군사적으로도 통신의 중요성은 명백하다. 미국은 넓은 영토를 이어주는 가교로써 통신기술 개발의 당위성을 가진 나라다.

스칸디나비아는 겨울이 길다. 인구밀도는 희박하며 숲은 광활하다. 해안이 언덕을 찢고 깊게 들어 온 협곡지형이 많다. 섬도 많아서 발트해를 통한 해양수송이 중요한 곳이다. 유선통신을 위해 선을 일일이 설치하는 일은 그들에게 너무 비효율적이다. 낮 시간은 짧고 협곡과 호수, 숲이 많은 지형에서 언제, 어떻게 공사를 할 것인가? 띄엄띄엄 떨어져 있는 집들과 떠다니는 배들을 선으로 연결하려는 것은 무모한 짓이다. 춥고 짧은 낮 시간에 밖에 나가서 배선작업하기보다, 벽난로 타는 실내에서 무선통신을 연구하는 것이 훨씬 효율적이다. 무선통신이 아무리 어려운 기술이라고 할지라도 그들에게는 선택이 아닌 필수다. 스칸디나비아의 통신기술 발달은 이렇게 지형적 특색에 힘입은 바 크다.

한국의 경우는 어떤가? 인구는 조밀하고 입소문이 빠른 나라다. 우리는 개화기 일제시대 한국전쟁 군사독재기를 지나오며 정보에 예민해졌다. 급박한 정치환경 경제환경을 통과하면서 우리는 정확하고도 빠른 정보가 중요했다. 그리고 혈연 지연 학연 없이 혼자서는 살 수 없는 사회다. 그러므로 한국에서 통신의 발달은 미국처럼 국가 정체성 문제도 아니요, 스칸디나비아처럼 지형적 특색도 아닌 관계형 사회구조와 정보욕구가 원동력이라고 봐야 한다. 블로그와 홈페이지를 통해 끊임없이 자신의 끼를 보이고 싶어 하는 문화도 IT 강국을 만든 원동력이다. 보상 없는 일인데도 '블로그질'과 댓글로 남들의 인생에 참견하는 문화는 서양사회의 행동특성과 분명히 구별된다.

사사오입의 천재, 디지털

정보통신이 가능하게 된 바탕에는 디지털이 있다. 디지털은 이제 지겨울 정도로 익숙한 단어지만, 아직도 많은 사람들에게 디지털의 원리는 낯설다. 디지털 신호는 기존 아날로그 신호와 어떤 차이가 있는지, 왜 디지털이 정보통신 혁명을 가능케 했는지 알아보자.

디지털은 원래 손가락을 가리키는 그리스 말이다. 소수점은 없고 손가락으로 '하나 둘 셋 넷' 세는 '소수점 없는 세상'이 디지털 세상이다. 물론, 이런 방식으로 소수점 아래도 계산해낸다. 나중에 점 위치만 기억했다가 다시 찍으면 되니까. 정수만 사용하는 모든 수체계가 디지털이지만 요즘 말하는 디지털은 0과 1만 사용하는 이진법 디지털을 말한다. 이진법 디지털은 흑백논리다. 중간에 존재하는 회색 따위는 인정하지 않고 약간 희면 흰색으로, 제법 어두우면 무조건 검은 색으로 단정해버리는 논리를 정보처리에 응용한 것이다. 장점은? 무지하게 단순해진다는 것이다. 애매한 칼라는 무시하고 모든 색을 전부 흑과 백으로만 나눈다니 얼마나 간단한가? 단점은? 흑백논리의 단점을 그대로 가지고 있다. 즉, 아군 아니면 다 적으로 생각하는 오류를 범할 수 있다. 하지만 이 단점은 해상도(Resolution)를 증가시키면 극복가능하다. 해상도는 흑과 백을 얼마나 잘게 나누느냐는 이야기인데, 아래에 해상도의 실례가 나온다. 해상도를 증가시키면 정보가 늘어나는 부담이 생기지만, 메모리 용량과 속도 향상이 어려움을 상쇄해준다. 자 이제 A씨라는 가상의 시간제 사원의 근무일지를 디지털 방식으로 작성해보자. 해상도 즉, 흑백을 나누는 기준을 먼저 선정해야 한다. 해상도를

디지털방식 근무일지 (해상도 : 하루)

월요일	8시간	(종일 근무)	(실제 5시간 일함)
화요일	8시간	(종일 근무)	(실제 9시간 일함)
수요일	8시간	(종일 근무)	(실제 8시간 일함)
목요일	0시간	(근무 안함)	(실제 3시간 일함)
금요일	8시간	(종일 근무)	(실제 10시간 일함)
토요일	8시간	(종일 근무)	(실제 7시간 일함)
일요일	0시간	(근무 안함)	(실제 3시간 일함)
총시간	40시간		(실제 45시간 일함)

극단적으로 하루 단위로 해보자. 이 경우 하루 노동시간의 절반인 4시간 이상 일했으면 하루를 다 일한 것으로 하고, 4시간 미만이면 아예 근무를 안 한 것으로 계산된다.

이 무지막지한 계산방식은 근로자들을 어처구니없게 만들겠지만, 일당계산을 해야 하는 경리과 직원을 엄청 편하게 해준다. 경리과는 4시간미만으로 일한 날은 무시하고 4시간 이상이면 하루로 계산하면 되기 때문이다. A씨는 실제(아날로그)로 45시간 일했지만 40시간으로 기록되었으니 주급 받는 날 완전히 기분 잡쳤을 것이다. 디지털 방식 임금계산은 받는 사람 개개인의 만족도를 다르게 만들지만, 직원이 아주 많은 회사라면 지불해야하는 총임금에는 큰 차이가 없다. 더 지불한 임금이 덜 지불한 임금과 어느 정도 상쇄되기 때문이다. 하지만 중요한 차이는 경리과의 사무처리 속도가 엄청나게 빨라진다는 것이다. 그런데 이 약점을 이용해서 근로자들이 매일 4시간씩만 일하려고 할 때는 대책이 있을까? 이 경우에는 해상도를 올리면 된다. 위의 경우 해상도를 한 시간 단위로 바꾸면 정확한 시간이 나온다.

하루 단위이던 해상도를 한 시간으로 바꾸면 (데이터를 촘촘하게 잘랐다는 말) 아날로그 방식(실제 노동시간)에 근접한 결과가 얻어진다. 하지만 경리과의 일양은 많아진다. 해상도를 늘일수록 정확도는 높아지지만, 계산을 하거나 전송해야 하는 데이터의 양이 늘어난다는 부담이 있다. 그래서 적정선에서 타협해야 한다. 여태껏 디지털이 무엇인지 몰랐던 독자들은 이제 디지털뿐만 아니라 해상도까지도 무엇인지 이해가 되었을 것이다.

그럼에도 불구하고 디지털과 해상도에 대해 이해가 안 되는 독자들은 바늘 대신 숫자를 사용하는 디지털시계를 생각해보자. 이 디지털시계들은 아주 정확하지만 문제가 있다. 9:15라고 알리고 있는 1분 동안은 아무런 변화가 없다. 지금 금방 9시 15분이 되었는지, 아니면 이제 16분으로 막 바뀌려는 순간인지에 대한 정보가 전혀 없다. 반면 아날로그시계들은 분침이 서서히 바뀌기 때문에 이런 답답함이 없다. 만약 디지털시계가 시침만 있다면 환장할 노릇이다. 점심시간이 되었는지 확인하려고 시계를 보면 이 시계는 12시부터 12시 59분 59초까지 12시만 가리키고 있기 때문이다. 하지만 아날로그시계는 시침만 있다고 하더라도 시침이 12시 근처에서 1시 근처로 옮겨가므로 시간을 짐작할 수 있다.

자, 이제 디지털 방식이 왜 통신을 발달시켰는지, 어떤 장단점이 있는지 살펴보자.

1.5.1 디지털의 장점

첫째, 디지털은 잡음에 강하다. 모든 전자신호에는 잡음이 섞인다. 예를 들면, 팩스문서에는 종이 위의 잡티나 인쇄과정에서 생긴 작은 점들이 끼어든다. 그래서 받았던 팩스를 또 보내기를 반복하면 이런 잡티들 때문에 글자를 인식할 수 없는 지경에까지 이른다. 하지만 e메일은 받아서 보내기를 아무리 되풀이해도 이런 잡티가 끼어들지 않는다. 디지털이기 때문이다.

그러면 왜 디지털은 잡음에 강할까? 잡음은 속성상 대개 원신호보다 크기가 작다. 팩스를 다시 생각해보면, 종이의 잡티는 글자 크기보다 훨씬 작다. 잡음은 원신호에 비해 작기 때문에 처음 잡음이 섞일 때는 봐줄만하지만, 누적되면 문제다. 그런데 반올림의 천재, 디지털은 작은 잡음은 무시해버리고 여전히 흑백논리로 정보를 받고 보내기 때문에 잡음은 쉽게 걸러진다. 만약 1.1이라는 신호가 들어왔으면 디지털은 반올림해서 1이라고 읽어버린다. 0.3은 반올림해서 0 그리고 0.8은 반올림해서 1로 읽어버리니 잡음이 끼어들어봐야 맥을 못 쓴다. (물론 0.5 근방의 잡음은 문제를 일으킨다.) 잡음에 강한 특징은 통신에서 아주 유용하다. 정보의 재현성이 좋기 때문이다. 쉽게 말해서 복사가 깨끗하게 된다는 말이다. 녹음테이프 복사한 것을 계속 되풀이하여 복사하면 거의 들을 수 없는 수준에 이르지만, CD는 천 번을 복사해도 동일한 품질이 얻어지는 것도 디지털이 잡음을 걸러내는 기능이 탁월하기 때문이다.

둘째, 디지털 정보는 처리와 계산이 용이하다. 정보처리란 정보를 다른 방식으로 재편집하는 것을 말한다. 같은 정보를 다른 장소에 카피하는 행위도 정보처리 중 하나다. 대표적 정보처리란 소팅(Sorting 순서별로 정리하는 행위) 변조(Modulating 정보를 변환하는 행위) 컴팩팅(Compacting 정보량을 적게 압축시키는 행위) 패칭(Patching 이쪽 정보를 저쪽 정보에 연결하는 행위) 등을 들 수 있다. 이메일을 이름순으로 정렬하는 것은 소팅이다. 연말에 날짜순으로 받아 쌓아둔 연하장이 100통이라고 하자. 이 엽서를 다시 보낸 사람 이름순으로 정리하려면 시간 꽤나 걸린다. 백통이라면 그래도 해볼 만하겠지만, 방송국에서 경품 응모용 엽서를 만 통 정도 받아서 이름순으로 정리한다면 엄청난 분량의 일이 되고 만다. 하지만 이메일이라면 1만 통이어도 클릭 한 번으로 된다. 찾기도 디지털이 훨씬 빠르다. 손으로 쓴 원고에서 어떤 단어가 어디에 쓰였는지 알려면 일일이 읽어보아야 한다. 하지만 컴퓨터로 친 원고라면 찾기 메뉴가 금방 알려준다. 디지털 정보에서는 왜 이런 행위가 쉽게 될까? 0 아니면 1이어서, 데이터의 개성이 뚜렷하기 때문이다. 개성이 뚜렷한 것들 중에서 동일 패턴을 골라내는 작업은 기계에게 아주 쉬운 일이다. 이렇게 정보처리가 쉽기 때문에 컴퓨터는 엄청난 분량의 일을 순식간에 해치울 수 있다.

셋째, 디지털 기계는 품질차이가 별로 없다. 아날로그식 신호를 사용하는 VHS 비디오플레이어는 제작사마다 가격차이가 심했었다. 반면 디지털 장비인 DVD플레이어들은 가격차이도, 품질차이도 심하지 않다. 싸구려 제품은 케이스와 버튼이 조잡스럽고 촌스럽긴 하지만 화질은 문제없다. 이 때문에 세계시장에서 최고품질로 꼽히던 일제가 디지털 제품에서는 맥을 못 췄다. 디지털 시대가 되고 보니 일제는 비싸기만 하고 가격만큼 품질이 좋은지는 모르겠더라는 것이다. 그리고 신제품이 금방 다시 나오기 때문에 비싼 물건 사서 오래 쓰려는 생각보다, 적당한 것 사서 좀 쓰다가 바꾼다. 이런 기준을 가진 소비자들이 많이 사준 덕분에 한국산 IT 제품의 품질이 엄청 좋아졌다. 후발주자가 상대적으로 쉽게 추격할 수 있는 곳이 디지털 시장이다.

물건 값이 싸져서 누구나 부담 없이 살 수 있는 평등한 시대가 되었지만, 대충 만들어서 대충 쓰다가 버리므로 환경문제를 야기하고 있다. 쏟아져 나오는 그 많은 '멀쩡한 쓰레기' 들은 앞으로 큰 골칫거리가 될 것이다. 완벽을 추구하던 장인정신도 점점 쇠하고 있다. 0.6이나 0.9, 1.4가 전부 1로 처리되는 디지털 기계에서 굳이 좋은 물건을 만들려고 노력하기 보다는 빨리 새로운 장비 만들어 사람들이 싫증내기 전까지 팔고 또 빨리 다른 제품을 개발하는 기업이 최고다. 치고 빠지는 토끼의 순발력이 최고를 향해 꾸준히 노력하는 거북이 장인정신보다 중요한 시대다.

1.5.2 디지털의 단점 : 간단해서 편한 디지털에도 아래와 같은 약점이 있다

첫째, 정보가 길어진다. 우선 디지털은 0과 1만 사용하여 정보를 기록하기에 정보의 양이 엄청 길어진다. 예를 들면, 7을 이진법 디지털로 표시하면 111이 되며, 255는 11111111이 된다. 자릿수가 커질수록 이

진법 디지털은 정보량이 엄청나게 늘어난다. 그러므로 해상도 가 괜찮은 컬러사진 한 장을 저장하는 정보량은 쉽게 1mb가 넘어간다. 이 정도면 200페이지 책 한 권 분량의 정보다. 문자로 된 정보는 그 자체가 디지털적 특성을 가지고 있기에 디지털화하는 것이 아주 쉽고, 해상도도 필요 없다. 영어를 예로 든다면 영어로 쓰여 진 모든 정보는 26개의 알파벳으로 표현된다. a b c d 등으로 나누어져있으며 a와 b 사이에는 아무것도 없는 26진법 디지털 체계가 영어다. 이렇게 문자는 이미 디지털화된 데이터이므로 문서는 정보량이 많지 않다. 하지만 화상은 다르다. 잘 익은 사과를 생각해보자. 같은 빨강색이어도 부분부분 명암과 채도가 미묘하게 다르며, 사람들의 까다로운 눈은 예민하게 색감의 차이를 알아차린다. 이런 화상정보를 사람들이 자연스럽게 느낄 정도의 고품질로 처리하려면 엄청난 정보량이 필요하다. 그래서 더욱 더 메모리가 많고 전송속도가 빠른 장비들을 필요로 한다.

둘째, 2진법 디지털은 인간에게 낯선 정보체계다. 10진법 숫자 255를 이진법 디지털로 표시하면 11111111이 된다고 하였다. 하지만 어떻게 이 숫자가 나왔는지 이해하는 것도 그렇게 편치 않을 뿐더러, 원리를 알았더라도 10진법 숫자를 2진법으로 표시하려면 시간이 걸린다. 10진법에 익숙한 인간들에게 2진법은 가독성이 떨어지는 숫자다. 그러므로 기계 내부에서 무슨 일이 일어나고 있는지 사람들이 이해하기 쉽지 않다. 수리도 쉽지 않아서 요즈음 컴퓨터를 고친다는 개념은, 문제부품을 빼내서 버리고 새 것으로 끼우는 것이다. 이렇게 하는 것이 고치는 것보다 돈도 더 절약된다. 낯선 정보체계는 생산자와 사용자의 기술적 수준을 엄청나게 벌려 놓음으로써 소비자들의 권리를 약화시킨다. 쉬운 예로 대부분의 컴퓨터 구매자들은 컴퓨터를 사러가서 자기가 원하는 성능을 제시하고 가격을 묻기보다는 파는 사람의 설명을 듣고 질문하기 바쁘다. 그리곤 자기에게 필요도 없는 기능까지 잔뜩 들어간 비싼 컴퓨터를 사놓고도 뿌듯해하는 바보들이 오늘날의 고객이다.

셋째, 보안유지가 어렵다. 디지털의 기민한 복제성과 정보처리 편의성은 놀랍다. 이런 만큼 개인의 사생활이나 기업정보는 쉽게 빠져나갈 수 있다. 거기다가 디지털 사진을 합성하는 기술까지 늘어서 하지 않은 일도 한 것처럼 끼워 맞출 수 있다. 이러다가 종내에는 가상 뚜렷한 증거물인 사진이 법정증거물로도 의심받을 확률이 높아지고 있다. 개인들의 이메일주소는 사방팔방에 알려져서 아프리카 제국의 돈세탁을 도와달라는 이메일까지 필자의 전자우편함에 도착하고 있다. 전화통화내역, 신용카드 사용내역 정도만 조사해보면 그 사람의 생활패턴, 만나는 사람, 거쳐 간 장소들을 손바닥 들여다보듯 할 수 있는 세상이다. 이런 것들이 납치, 유괴, 경쟁사의 동향, 부동산이나 증권근황과 연결된다면 대중의 안전과 공정한 거래는 보장되지 않는다. 그러므로 당연히 힘 있는 자들은 이 정보들을 먼저 장악하려고 압력을 행사한다. 대중들은 개인정보가 빠져나가고 있는지 알 수도 없고, 안다고 해도 대책이 마땅치 않다.

정리하면, 디지털은 흑백논리를 데이터에 그대로 적용한 것이다. 디지털은 적정 해상도가 필수다. 해상도가 너무 떨어지면 데이터가 진실과 멀어지고, 너무 높으면 데이터양이 과다해진다. 아날로그가 부드러운 곡선 그래프라면 디지털은 막대그래프에 비할 수 있다.

자연계는 아날로그로 되어있다. 사과의 색상은 연속적으로 분포되어 있고, 시간의 흐름도 간격 없이 부드럽게 흘러간다. 하지만 훨씬 작은 크기를 들여다보면 그렇지도 않다. 원자 정도의 크기에서는 모든 것이 끊어져 있으며 단계적으로 존재한다. 이런 현상을 양자화(Quantomizing)되어 있다고 한다. 즉 수소원자는 양성자 하나에 전자가 하나인 상태로 존재하며 헬륨원자는 양성자 둘, 중성자 둘, 전자 둘을 가지고 있다. 전자나 양성자가 1.8개, 중성자는 0.723개 가지고 있는 원자 따위는 없다. 그러므로 아주 작은 스케일에서는 모든 것이 디지털이라고 말할 수 있다.

가상세계의 비밀, 신호전송 vs 물질전송

앞에서 전기는 물질성 대비 신호성이 아주 좋다고 했다. 여기에서는 물질과 신호를 좀 더 자세히 비교해보자. 물질은 질량을 가진다. 그리고 지구위에 존재하는 모든 질량은 중력을 받아 무게를 느끼며 이동이 제한된다. 관성이 있어서 정지 상태에서는 움직이기가 어렵고 일단 움직였으면 정지하기 어렵다. 방향을 틀거나 속도를 바꾸려 해도 반드시 힘이나 에너지의 개입이 있어야 가능하다. 한편, 질량체는 반드시 생로병사의 사이클을 겪는다. 생명체는 태어나서 살다가 늙고 병들며 더 시간이 지나면 결국 죽는다. 생명체만 이런 것이 아니라 기계도 마찬가지다. 처음 만들어진 후 일정시간에 지나면 노후해지고 잦은 고장을 일으키다가 결국 그 수명이 다 되어 폐기 처분된다. 산 중턱에 그냥 놓여 진 바위라면 수명이 무한대일 수 있으나 어떤 기능을 하는 물체는 유한한 수명을 가지기 마련이다. 수명은 생물-무생물에 관계없이 모든 기능성 질량체의 운명이다.

질량체의 위치 이동에는 비용과 노력이 든다. 나뭇잎만큼이나 가벼운 편지도 많이 모여서 가방 하나 가득차면 집배원에게 짐이 된다. 그래서 아무리 작아도 질량을 가진 물체라면 극히 짧은 시간에 위치를 바꿔가며 여기저기에 출현하는 것이 불가능하다. 즉 종이 위에 쓰여진 편지 한 장이 1초 만에 한국에서 미국으로 배달되었다가 다시 1초 후에 유럽으로 건너가는 일은 일어나지 않는다. 비록 가볍지만 종이도 질량을 가진 물질이기 때문이다. 과거부터 현재까지 이런 물질이 순식간에 전달되는 공상소설은 여러 가지가 있었다. 그러나 이 물질전송은 인류가 아무리 수준 높은 과학을 가졌다고 해도 해결되지 않을 기술이다. 존재란 어떤 시간에 어느 장소에 있는 것으로 정의되는데, 만약 물질전송이 구현된다면 우리 모두는 더 이상 존재(being)가 아니라 초월자(God)가 될 것이기 때문이다.

물질전송은 사소한 무게여도 쉽게 보낼 수 없지만, 전기신호는 전송이 쉽다. 전기의 기본 단위인 전자도 아주 작은 질량체다. 하지만, 전기가 보내질 때는 전자가 직접 가는 것이 아니라, 파동(진동)이 되어 움직인다. 이 전기에너지의 진동은 물질(구리선)을 통해서도 생기지만 아무 물질이 없는 공간에서도 진행된다. 무선신호의 파동을 쉽게 이해하기는 어렵지만 도체를 통하는 전기의 파동은 간단한 예로 쉽게 이해할 수 있다. 긴 파이프 속에 당구공이 일렬로 붙어서 가득 차 있는 상태를 상상해보자. 다른 한 끝에서 당구공 하나가 파이프 속으로 날아든다면 서로 맞대고 있는 당구공들 사이에 충격이 전달되어 거의 동시 동작으로 맞은편의 당구공 하나가 튀어나갈 것이다. 좀 더 자세히 상황을 보기 위해 계속 당구공을 튕겨 넣으면서 관찰한다면, 한 번 충돌이 있을 때마다 파이프 안의 당구공들은 겨우 자기 하나에 해당하는 거리를 움직일 뿐이다. 하지만 당구공이 안 보이는 바깥에서 보면 마치 당구공이 들어가서 순식간에 그 전체 거리를 비행하고 나오는 것처럼 생각될 것이다. 이것이 도체 속에서 일어나는 전자 흐름의 원리다. 전자의 실제 움직임은 개개의 당구공 움직임처럼 아주 느리다. 심지어 음속보다도 느리게 움직이는데, 이 속도를 표류속도(Drift velocity)라고 한다. 하지만 도체 속에서 전기 에너지가 파동에 의해 전달되는 움직임은 광속(30만km/sec)에 가깝다. 광속은 음속의 백만 배 정도다.

전기의 움직임에는 거의 시간이 안 걸려서 전송이 쉽다. 그래서 전기는 시공의 제약을 받는 물질이라기보다는 어떤 '기운' 이라고 정의하는 것이 옳다. (전기는 정말 '기' 같은 것이어서 많은 양을 오랫동안 저장해두기는 아주 어렵다.) 전기신호는 전송에 비용과 시간이 아주 적게 들기에 정보통신에 의한 정보는 쉽게 모이고 옮겨지고 다시 써질 수 있는 것이다. 이런 용이한 전송성이 정보통신 시대를 만들었다. 전화기에 편지를 구겨 넣어 상대에게 보낼 수는 없지만, 떠드는 목소리는 전기신호로 바뀌어 거의 동시동작으로 상대에게 전달된다. 이런 판타지 한 가상세계가 현실세계를 지루한 것, 낡은 것들을 밀어내고 있다. 상상력의 빈곤도 문제지만 상상력만의 세상도 곤란하다.

앨빈 토플러의 추종자들 Sein과 Sollen을 혼동하다

독일어 Sein과 Sollen은 법과 도덕을 논할 때 등장하는 용어인데, Sein은 영어의 Be, Sollen은 영어의 Should와 같은 뜻이다. 그래서 Sein은 현재의 상태를 말하는 반면, Sollen은 당위성을 말한다. 예를 들면 교통질서가 엉망인 도시라면, 엉망인 현재 상태는 Sein이고 질서가 필요한 것은 Sollen이다. 그러므로 Sein이 현실이라면, Sollen은 목표다. 수학적으로 말하면 Sein은 평균, Sollen은 표준이라고도 할 수 있겠다.

위의 두 단어는 아래에서 미래와 관련하여 다시 논할 것이다. 우리는 '미래학' 이라는 말을 가끔 듣게 된다. 공상만화처럼 제한 없는 상상력을 발휘하기도 하지만, 현재를 바탕으로 시간 축을 외분(Extrapolating)하여 좀 더 체계적으로 미래를 예시하는 연구다. 미래 예측서 중에서는 조지 오웰(George Orwell)의 『1984년』과 앨빈 토플러(Alvin Toffler)의 『제3의 물결』(The Third Wave)이 아마도 가장 큰 영향을 미쳤을 것이다. 그러다가 최근에는 미국 펜실베이니아 대학 경영대학원 교수인 제레미 리프킨(Jeremy Rifkin)이 쓴 『노동의 종말』(The End of Work)이라는 책이 나왔다. 토플러의 낙관론을 정면으로 반박한 책이다.

조지 오웰의 『1984년』, 정보화 사회의 무력한 개인

조지 오웰이 발표한 『1984년』은 소설인데, 84를 거꾸로 한 1948년에 발표되었다. 그는 이 책을 통해 철저히 통제되는 미래사회에서 옴짝달싹 못하는 개인의 비극을 그렸다. 이 책의 통제 사회는 당시의 소련사회를 의미했다고 한다. 반세기동안이나 꾸준히 이어진 이 책의 영향과 경고 덕분에, 많은 나라에서 프라이버시 보호를 위한 법을 정비했다. 하지만 도청 따위를 통해 드러난 개인생활이 추잡한 것이라면, 과정이 불법임에도 사람들은 결과에 더 집착한다. 그래서 도청보다 개인의 비리가 전면에 나선다. '공인이라면 좀 더 말과 행동에 주의해야…' 라는 논리가 득세하기 때문이다. 만약 법관이 증거확보 과정의 불법을 이유로 비리행위자에게 무죄를 선고한다면, 그는 국민의 알 권리를 침해했다는 이유로 공공의 적이 되기 십상이다. 그러므로 비리를 제대로 포착한 폭로라면 도청 불법성은 무마되기 쉽다. 말 그대로 성공하면 충신, 실패하면 역적이다.

하지만 눈에 보이지 않는 위험요소가 있다는 것을 분명히 알아야 한다. 비리 정보가 국민들에게 공개되기 전, 상호거래에 이용될 확률이 높다는 것이다. 뇌물수수나 불륜 현장을 찍은 사진으로 협박하는 것 말이다. 국가정보를 총괄하는 집단이 선거를 위해 어떤 음모를 꾸민다면 민주주의는 사라진다. 그리고 그 음모를 위해 거짓을 만들 필요도 없다. 상대에게 치명타가 될 만한 몇 가지 '부분적 사실'이면 충분하다. 물론 남에게 흠 잡힐 것 없이 살면 된다. 하지만 현실세계 인간이 전 방위적으로 깨끗할 수 없다. 위선 없이 다 벗는 것보다 차라리 좀 가려야 덜 흉한 존재가 인간 아닌가?

굳이 도청을 하지 않아도, 정보통신 사회에서 개인 사생활을 추적하는 일은 쉽다. 우선 신용카드 사용현황을 한 번 뽑아보면 상대의 동선과 경제력을 알 수 있다. 그 다음 전화사용내역을 뽑아보면 상대의 인간관계가 나온다. 조만간 교통카드 대신 각자의 이마에 전자칩을 심게 될지도 모르겠다. 물론 처음부터 강요하지는 않을 것이다. 하지만 할인 혜택을 부여하면서 '전자 마빡'은 서서히 늘어날 것이고, 전과자나 신용불량자들 정도는 의무적으로 실시해서 동선을 파악하자는 여론이 형성될 것이다. 상당히 많은 사람들이 칩을 부착한 후에는 나머지 사람들의 불이익이 늘어날 것이다. 결국 휴대전화처럼 '강요된 선택' 이 될 것이다.

개인통제가 심해져도 적법한 조건 내에서 사는 일반인들은 아무 문제없다. 하지만 사회를 개혁해보려는 반대자들은 큰 피해를 입는다. 우리는 수많은 학생운동, 노동운동을 경험했다. 당시에 그들은 마치 사회를 말아먹으려는 '빨갱이' 들이었다. 지금도 노조들이 대한민국을 사업하기 힘든 나라로 만들고 있고, 참교육을 외치는 전교조가 오히려 교육을 망친다는 의견이 넘친다. 틀린 말은 아니지만, 권력자와 그들에 항거하는 반대자들에 의해 사회는 균형을 잡아가며 전진한다는 사실을 깨달아야 한다. 심장이 멈추면 죽지만, 너무 빨리 뛰어도 죽기 때문에 교감신경과 부교감신경의 균형의 필요한 것처럼 말이다. 심장을 멈추게 하려는 부교감신경은 과속차량의 감속을 위해 도로 위에 설치된 시멘트 턱 같은 것이다. '정' 과 '반' 의 통합에 의해서만 '합' 으로 나아가는 것은 역사적 필연이다. 하지만 주류 편에서 보면 비주류 인간들은 '빨갱이' 나 '수구꼴통' 들이다. 그러니 애국심 넘치는 주류들은 아주 떳떳하게, 정보기관까지 동원하여 반대파들 뒷조사를 할 수 있다.

이 단원을 이해하기 위한 전형적인 사건이 한국의 X-파일 사건이다. 중앙일보 홍석현 회장이 노무현-이회창 후보가 다투는 2002년 대선에서 심하게 이회창 후보를 밀었다는 물증이 도청으로 확보된 사건이었다. 많은 국민들이 후안무치한 재벌을 역겨워했다. 하지만 냉정하게 생각해보면 그 파일 속에 새로운 사실은 없었다. 당시 중앙일보와 조선일보가 노골적으로 이회창 후보를 밀었다는 것은 누구나 아는 사실이다. 이회창 후보가 당선되면 중앙일보 홍 회장에게 총리자리를 주겠다는 거래가 있었다는 보도까지 나왔었다. 이렇게 다 알려진 이야기가 드러났다고 한국 전체가 일손을 놓고 몇 달간 무의미한 공방전을 벌였다. 추한 사건을 다시 들출 필요는 없고, 결론적으로 공개적으로 내뱉은 말에 대해서만 사회가 책임을 물어야 한다. 사석에서 상사 욕한 것을 엿듣고 해고시키고, 저 건너편 여자 섹시하다고 말한 것 몰래 녹음해다가 성희롱이라고 고소하면 그것이 도대체 사회인가? 그런 사생활까지 도청당하고도 온전할 사람이 있을까? 사전영장 없는 불법도청이 용인될 수 있는 환경은 오직 한 가지, 전쟁 중일 때다. 전시가 아닌 환경이라면 불법도청 자체에 더 무게를 두고 책임을 물어야 한다. 위의 사건도 다행히 점점 불법도청을 문제 삼는 쪽으로 선회했었다. '물타기' 전략이 먹힌 탓도 있지만, '뒤에서 쏘면 결투가 아니다'라는 국민적 공감대의 결과다.

우리는 조지 오웰이 염려한 통제사회가 구현되는 것을 막아야 한다. 반대파나 야당의 힘이 너무 줄지 않게 유지해야 긴장감 있는 사회가 되기 때문이다. 권력자들이 선별적으로 그들의 목줄을 쥐지 못하게 막아야 한다. 정보는 유통과정이 불량이면 품질도 불량이라고 선언하는 사회를 만들자. 가진 자들을 정면으로 맞설 수 없어서 그들의 침실을 훔쳐보고, 대화를 엿들어 모멸감을 주려는 행위는 시민들의 알 권리가 아니라 변태행위다. 불량한 호기심을 부추기지 않으려면 언론이 자성해야 한다.

2.2 앨빈 토플러의 『제3의 물결』, 공짜 에너지는 거짓말!

토플러(Alvin Toffler)는 미국에서 경제잡지로 유명한 「포춘」지 부편집장을 지낸 언론인으로 미래학의 거물이다. 공교롭게도 토플러의 저서 『제3의 물결』은 조지 오웰의 책 제목인 1984년에 나왔다. 그래서 『제3의 물결』은 『1984년』의 재판으로 볼 수 있는 책이다. 『제3의 물결』(The Third Wave)의 Wave는 변화를 말하는데, 물결이라고 번역했지만 오히려 파도라고 번역했어야 했다. 물결은 단지 요동치는 흔들림을 나타내지만 모래사장을 쓸고 지나간 파도는 발자국들을 지워버리고 다시 편평하게 만든다. 즉, 예전 것은 사라지고 새로운 세상이 열린다는 의미가 Wave다. 『제3의 물결』의 내용을 아래에 정리해 보았다.

전통적 역사에서는 인류가 사용한 재료로 시대를 구분 짓는다. 즉, 구석기 신석기 청동기 그리고 철기시대로 나누어 왔다. 하지만 그는 3개의 물결로 나누어서 시대를 구분했다. 토플러의 시대구분 기준은 재료가 아니라 에너지원이었다. 제1의 물결은 약 1만 년 전에 있었던 변화로 사냥과 채집 생활에서 사람들이 농경사회를 만든 것이다. 이때의 에너지원은 토지다. 제2의 물결은 300년 전에 있었던 산업혁명에 의해 대량생산체계로 진입한 물결이다. 이 시대의 에너지원은 화석연료, 즉 석탄과 석유다. 그리고 제3의 물결은 후산업사회의 정보화 시대, 탈대량화 시대라고 지적했으며, 이 시대에는 고갈되지 않는 에너지를 사용할 것으로 그는 추정했다. 재료로 나눈 시대에서는 현대(철기시대)가 길게 정의된 반면, 토플러식 구분에서는 현대(제3의 물결)가 이제 시작된 시대다. 우리가 눈여겨봐야 할 부분은 전통사관이든, 토플러식 구분이든 시대구분은 기술의 발달에 의해 정해졌다는 것이다. 이것은 마르크스가 지적한 상부가치(정신적인 것)는 하부가치(경제나 기술)에 의해 지배된다고 한 말과도 일치한다. 기술은 경제와 정치 발전을 야기했으며 문화도 덩달아 발전시켰다. 기술 없이 경제력 있는 나라는 없으며, 경제력 없이 발전된 정치형태를 가진 나라도 드물다. 그리고 못사는 나라의 문화는 역사적 우수성에 상관없이 무시당하는 것이 국제사회의 현실이다.

첫 번째 파도(The First Wave) : 사냥이나 채집을 하던 인류가 1만 년 전부터 농사를 짓게 되었다. 사냥과 채집은 상당히 운이 따르는 행위이며 개인적인 밥벌이다. 그러다가 농사를 통해 인류는 식량을 계획할 수 있게 되었으며, 부락을 이루어 서로 돕는 사회를 만들었다. 더욱 중요한 변화는 땅을 에너지원으로 가지게 되면서 사람들이 한 곳에 정착하게 된 것이다. 비로소 여유를 가지고 문명과 문화를 만들기 시작했으며 국가라는 정치체제가 등장한 때다. 농사를 위해 기후의 주기적 특성을 관찰하고, 정착한 땅을 지키기 위해 성을 쌓으며 과학적 마인드가 생기기 시작했다.

두 번째 파도(The Second Wave) : 농사라는 계획경제로 발전하기는 했으나, 늘 땅을 떠나지 못하고 일해야 먹고 살던 사람들에게 산업혁명이 밀려왔다. 두 번째 파도는 사람들이 토지를 떠나 공장으로 몰려들게 만들었다. 화석연료인 석탄과 석유가 가까운 곳에 공장이 위치해야 경쟁력이 있으므로 탄광이나 유전지역은 금방 큰 도시가 되었다. 씨족, 부족 사회나 중세의 장원을 이루고 살던 사람들이 이제는 거대도시에서 삶을 다시 시작했다. 그리고 모든 것은 표준화, 규격화 되었다. 반복적인 기계에 의해 엄청난 상품을 찍어냈고 그 상품을 모두가 값싸게 누리는 시대였다. 학교도 표준화되어 큰 규모를 갖추었으며 직장처럼 정해진 시간에 등하교하고, 시험에 의해 등급이 나눠지는 평가방법도 도입되었다. 처음에는 블루칼라 노동자들이 착취당했지만, 얼마 안 가서 단합된 힘으로 그들의 권리를 찾았다.

세 번째 파도(The Third Wave) : 이 시대에는 탈 집단화, 탈 규격화 현상이 생길 것으로 예측했다. 이 시대에 인간은 우주로 진출할 것이며, 해양 해저를 개발하고 유전자 연구로 영원히 식량걱정 없는 시대를 만들 것이라고 토플러는 말했다. 그리고 정보를 장악하는 자들이 파워를 장악하게 되며, 경제가 중요해져서 기업가들이 정치가들 위에 군림하게 될 것이라고 보았다. 제품은 획일적이고 대량생산적이던 공장체제에서 서서히 개성이 존중되는 소량생산 쪽으로 넘어갈 것으로 예측했다.

영원히 고갈되지 않는 에너지를 사용할 것으로 보았던 토플러의 예언은 실현되지 않았다. 그리고 정보화에 의해 거리가 극복되면서 사람들의 탈 도시화도 이루어질 것으로 보았지만 탈도시화는 미미했다.

정리하면, 제1의 물결은 떠돌던 사람들이 땅을 에너지원으로 정착생활을 하게 된 변화이고, 제2의 물결은 에너지원이 토지에서 화석연료로 넘어가면서 대량화 획일화 표준화 시대로 넘어간 변화이며, 제3의 물결 시대는 고갈되지 않는 에너지원이 개발되면서 개성화 정보화 우주화되는 세상이다.

- 제1의 파도 : 농경화 세상
- 제2의 파도 : 공장화 세상
- 제3의 파도 : 정보화 세상

여기까지가 토플러의 주장을 다시 소개한 것인데, 이제부터 그 의미들을 짚어보자. 우선 제3의 물결은 아주 먼 미래의 새 시대를 예언했다기보다, 토플러가 책을 쓸 무렵부터 시작된 정보화 시대의 서막에서 본막의 스토리 전개를 예측했다고 볼 수 있다. 사람들이 뭔가 변화를 느끼고 있었지만, 이 변화의 핵심이 무엇인지 모르고 우왕좌왕할 때 말끔히 정리해준 책이었다. 그런데 여기에 심각한 문제가 생겼다. 토플러는 분명히 '그럴 것이다' (will be)라고 미래를 예측했지만, 세상의 시류를 통해 이익을 얻으려는 사람들은 그의 이야기를 '그래야 한다' (should)라고 읽은 것이다. 대표적인 부분이 에너지다.

고갈되지 않는 에너지원이 나올 것이라는 예측을 반드시 이루어질 것으로 생각했다. 사람들은 곧 도래할 공짜 에너지 시대를 꿈꾸며 석유문제를 등한히 했다. 늘어난 자동차 대수에 비하면 환경친화형 자동차나 에너지 절약형 자동차 연구는 굼벵이 걸음이었다. 그 결과 도시들은 심각한 대기오염문제를 끌어안게 되었다. 얼마나 많은 퍼센트의 암 발병이 대기오염 때문에 늘었는지 몰라서 넘어갈 뿐이지, 아마 엄청난 기여를 할 것이다. 70년대 혹독한 석유파동을 겪었지만 석유고갈 예언은 기우로 치부되고 있다. 겉으로 평온해 보이는 에너지 문제는 제2의 물결 이후 언제나 강대국들의 탐욕을 자극하는 전쟁의 동기였지만 여전히 우리는 별로 신경 쓰지 않는다.

저절로 될 현상(Sein)을 그래야 할 현상(Sollen)으로 봤다는 것이 무슨 차이를 만들까? 그래야 할 현상이라면 하루 빨리 따라가기 위해, 충분한 준비 없이 달려가게 된다. 정보화 시대가 진행되면서 생긴 두드러진 사회현상은 중산층이 사라지고 있는 것이다. 중산층의 위쪽 약간은 상류층으로 올라갔지만 대부분의 중산층들은 아래로 내려앉았다. 이 현상은 브레이크 없이 정보화가 진행된 미국이나 한국 사회의 공통 현상이다. 여론조사 결과를 봐도 과거에 비해 자신을 중산층이라고 믿는 사람들은 많이 줄었다. 정보화를 Sollen의 법칙으로 보는 사회는 분배에 신경 쓸 시간이 없기 때문에 양극화가 악화될 수밖에 없다.

'참여정부' 라는 슬로건은 지나갔지만, 세월이 갈수록 서민들은 정치에 참여할 경제력도 시간도 없다. 속도조절이 안 된 정보화가 사회의 계층화를 더 심화시킨 탓이다. 그래서 독재자로 낙인 찍혔던 박정희 대통령이 나시 주목받고 있다. 박대통령 시대에 우리나라는 제2의 물결 한복판이었다. 규격화 표준화되어 개성이 용납되지 않던 획일 사회였지만, 중산층이 두터웠던 건강한 시대였다. 축구로 말한다면 허리가 튼튼하던 시절이다. 지금은 무역흑자나 일인당 국민소득 등의 지표는 훨씬 좋아졌지만, 살기 힘들다고 아우성치는 사람들은 오히려 더 늘었다. 이 원인들은 대부분 Sein을 Sollen으로 착각한 사회가 준비 없이 변화만 좇아가느라 복지와 분배를 계속 뒤로 미룬 탓이다. Sein이나 Sollen이나 S로 시작해서 N으로 끝나지만 완전히 다른 단어다.

제레미 리프킨의 『노동의 종말』, 양극화는 점점 심해진다

리프킨(Jeremy Rifkin)은 『수소경제』(The Hydrogen Economy) 『바이오테크 시대』(Biotech Century) 『소유의 종말』(The age of Access) 『유러피언 드림』(The European Dream) 등의 저서에서 과학기술이 사회에 미치는 영향을 연구하고 미국정부에 조언하는 학자다.

그는 1995년에 나온 『노동의 종말』(The End of Work)을 통해 사회가 발전해갈수록 양극화가 심해진다고 주장했다. 기술이 발달하면 사회가 유토피아로 되어가는 것이 아니라, 디스토피아(계층이 나뉘는 사회)가 될 것이라고 했다. 농업에서 농부들이 중요했지만, 기계화되면서 농부들이 사라지고 있다. 1800년대 인구의 거의 전부가 농부였던 미국에서 지금은 1% 이하만이 농사를 짓고 있다. 산업혁명으로 공업이 발달하면서 많은 공장에서 노동자들이 필요했으나 자동화로 인해 노동자의 일자리는 줄어들었다. 자동차 산업에서는 로봇 1대가 노동자 4명의 일을 할 수 있다고 한다. 그래서 미래에는 현 노동자의 2% 만으로 현재의 생산량을 다 커버할 수 있다고 한다. 과거 농민들이 줄어든 것만큼 앞으로 공장 노동자들이 줄어들 것이라는 예측이다. 현재 우리 주위를 둘러보아도 사무직만 무수하고 생산직 사람들은 드물다.

정보화 사회가 되면서 많은 일자리들이 새로 만들어지기는 했다. 프로그래머, 웹 디자이너, 서버 관리자, 반도체 공정 작업자 등 당연히 새로운 일자리가 창출되었다. 그러나 IT가 더 개발되자 IT 산업 내부에서도 일자리가 줄었을 뿐만 아니라 바깥세상의 사무직까지 줄게 되었다. 예를 들면 슈퍼마켓의 재고관리를 위해서 옛날에는 여러 사람이 들러붙어 통계를 내야 했지만 지금은 바코드로 목록이 자동 처리된다.

기계화로 농부와 노동자들이 줄었고, IT 발달로 사무직 노동자들이 줄고 있다. 그 결과 세상은 양극화로 진행되어 고지식 인력과 일반 서비스 인력 사이의 간격은 점점 벌어지고 있다. 금융전문가, 고급 기술자, 의료 및 법률가들만 상부계층을 유지하지만, 나머지는 소득도 파워도 없는 하류계층으로 추락하고 있는 것이다. 실제로 미국에서는 과거와 다르게 노동조합이 줄고 있다. 과거 자동차 산업의 중심지이던 중부지방(디트로이트 근방)에서는 남편의 임금만으로 안락한 중류 생활을 해왔지만 지금은 이런 중산층이 사라지고 있다.

이 책을 썼을 때는 IT 전성기 이전이라는 점을 생각하면 리프킨의 식견은 대단하다. 아시아권은 금융대란으로 경제 전체가 주저앉았고, 미국에서는 2000년을 넘기면서 IT 벤처들이 줄줄이 문을 닫았다. 그런데 탁월한 식견을 가진 그가 문제 해결을 위해 내어놓은 대책들은 참으로 대책 없는 것들이다. 노동시간을 줄이고, 제3부분(NGO 같은 비정부단체)을 확대하고 인간성을 회복하고 등이다. 그가 말했듯이 우리는 일자리를 줄이는 방법은 알아도 일자리 늘리는 방법은 모르기 때문이다.

토플러는 정보화 사회에 대한 무지갯빛 환상을 이야기 했다. 하지만 그가 말했던 고갈되지 않는 에너지는커녕 오히려 틈만 나면 유가가 폭등한다. 토플러의 주장은 반쪽짜리 진리였으며 미래를 너무 안이하게 본 견해다. 그러나 미래의 권력이동에 대한 부분은 많은 반향을 불러일으켰다. 정보를 잡는 자가 권력도 잡는다는 그의 조언에 따라 기업이나 기관들이 정보를 선점하려고 노력했다. 토플러에 비한다면 리프킨의 견해가 훨씬 더 정확하지만, 사회가 리프킨의 말을 진지하게 경청하지 않았다. 사람들은 누구나 승자가 되기만을 꿈꾸며, 나쁜 일은 나에게 절대 생기지 않을 것이라고 믿기 때문이다. 그리고 리프킨의 말에 깊이 공감한다고 해도 뚜렷한 대안이 없다.

디지털은 정말 평등사회를 구현했는가?

리프킨 교수는 정보화가 진행될수록 양극화가 더 심해질 것이라고 진단했다. 하지만 인터넷이 보급된 후로 사람들은 이제 평등세상이 도래했다고 떠들고 있다. 백악관으로든 청와대로든 직접 이메일을 보낼 수 있게 되었고, 언론귀족들의 칼럼에 감히 댓글을 달 수 있게 되었기 때문이다. 권위적이던 기관들마저 인터넷 홈페이지에 자유게시판을 만들었고, 인터넷 신문에는 거침없이 정부를 비판하는 네티즌들이 벌떼처럼 달려들고 있다. 상품은 어떤가? 과거에 서민들은 꿈꾸기 어렵던 TV, 컴퓨터, 카메라 등이 이제는 대중화된 물건이 되었다. 디지털 손목시계는 목욕탕 입구에 붙여졌던 '귀중품은 주인에게 맡겨주세요' 라는 문구를 무색하게 만들었다. 여기까지만 보면 확실히 디지털이 평등사회를 구현한 것처럼 보인다.

그런데 디지털 산업이 발달한 미국이나 한국이나 소득격차가 점점 더 벌어지고 있다. 인터넷이라는 양방소통 매체를 통한 권력평등화와 값싼 디지털 제품에 의한 경제평준화는 도대체 어디로 갔는가? 이 질문에 답하기는 아주 간단하다. 다 같이 누리는 디지털 상품은 많지만 사회 계층은 여전히 초기 자본주의 체제에 의해 분류되고 있다. 모든 가정이 컴퓨터를 가지고 있으므로 계층이 다 평등해진 것이 아니다. 수도와 전기가 공급되기 시작했을 때도, 중하층 가정까지 모두 설치되었으므로 평등사회가 실현되는 듯했다. 하지만 사회 계층은 수도와 전기 공급 여부로 나누어지지 않았다. 그것은 그냥 공기와 물처럼 당연히 주어진 것일 뿐이다. 현재의 컴퓨터도 마찬가지로 공기와 물, 도로처럼 모두에게 당연히 주어지는 기본이다.

사회계층은 휴대전화나 컴퓨터 소유여부가 아니라 교육수준과 재산정도로 나누어지며, 이 분류방식은 디지털 이전 자본주의 세상과 다름없다. 그런데 이제 정보화 사회가 되면서 상류계층은 자신들의 계층을 유지하기 위해 필요한 정보나 지식, 법률자문들을 더 쉽게 받을 수 있게 되었다는 것에 주목해야 한다. 그들은 앞선 정보력으로 더 쉽게 돈을 번다. 돈이 돈을 벌고, 은행도 돈 가진 사람에게는 돈을 더 빌려주지 못해 안달이다. 놀면서 여유 돈 굴린 소득이 월급쟁이들 연봉보다 더 많은 사람들이 상류계층이다. 더욱이 그들은 많은 여가로 여러 곳을 여행한 탓에 견문도 넓고 외국어도 잘한다. 졸부를 제외한 진짜 상류층은 가족 전체가 정보화 사회의 서비스를 극대화하여 누리기 때문에 서민들과 차이는 더욱 벌어진다.

디지털은 세계화와도 밀접한 관계가 있다. 디지털 세상이 안 되었다면 세계화도 요원했을 것이다. 세계화 시대에는 외국어 능력이 중요하다. 그런데 외국어 능력은 IQ와 크게 관련 없다. 아무리 한국에서 열심히 영어공부해도 미국에서 공부한 사람보다 영어를 잘하기는 어렵다. 상류계층이 서민들과 확실한 차별화를 만드는 부분이다. 가진 돈으로 자녀들 유학시키는 것은 상류계층에게 땅 짚고 헤엄치기다. 디지털 세상이 되기 전에는 두려운 일이었지만 디지털 세상이 되면서는 상류층이면 누구나 부담 없이 시도할 수 있는 것이 유학이다. 그리고 좋은 교육기회를 제공받은 상류사회 2세들은 그들의 부를 다시 세습한다. 그래서 영원히 '강남 불패' 다. 미국도 아이비리그 학생들의 소득별 출신성분이 계속 높아진다는 분석이 나왔다.

언제나 새로운 도구가 나오면 그 도구는 기득권층이 먼저 사용하며 가장 큰 이익을 본다. 그 다음에 그 도구가 보편화되었을 때에는 이미 다른 도구가 나와 있다. 앞 선 도구가 힘 있는 자들에 의해 먼저 사용된다는 것은 비단 디지털 장비만은 아니다. 재래식 기술인 자동차가 처음 나왔을 때도 마찬가지였고, 앞으로 생명공학 기술이 보편화되어도 마찬가지일 것이다. 세월이 지날수록 신도구에 의한 계층 간의 격차는 더 벌어질 것이다. 모두가 컴퓨터를 가지기 때문에 평등한 세상이라고 말한다면, 그것은 모두가 신발을 신고 있어 평등하다는 논리와 다름없는 억지 주장이다.

그러므로 발전지향적 목표랍시고 '2만 불 시대' 만 외치는 것은 위험하다. 표준편차를 신경 쓰지 않고 평균소득만으로 2만 불인 사회는 아주 기형적이다. 더욱이 단일민족이라는 우리나라는 미국과 달리 남들의 사정에 예민하다. 그래서 평균소득이 올라가도 소득격차가 벌어지면 사회통합은 더 멀어진다. 언제나 발전과 동시에 분배를 생각해야 하며, 기술적인 것, 물질적인 것들의 개발과 함께 정신적인 수준도 향상되어야 한다. 그래서 우리 사회 상류층은 정신문화도 함께 이끄는 귀족층으로 거듭나야 한다. 자본주의에서 상류층이 수도사처럼 금욕할 수는 없는 노릇이지만 비겁하거나 추잡한 것을 멀리하는 고상함과 약자를 배려하는 관용만은 가지도록 요구해야 한다.

정리하면, 디지털은 평등사회 구현이 아니라 계층 간의 격차를 더 부채질한 결과를 초래했다. 이 현상을 치료하려면 상류계층의 '품위 있는 귀족화' 가 필요하다. 왜냐하면 어느 사회나 평균은 표준을 모방하고 싶어 하기 때문이다. 건전한 문화를 선도하는 상류계층은 한 사회의 훌륭한 정신적 지향점이 될 수 있다. 쉽게 말하면, 나도 돈 벌어서 저 인간들처럼 우아하게 한 번 살아보자는 건전한 목표의식을 심어주자는 것이다. 이 부분은 피폐해져 가는 미국 자본주의가 유일하게 내세울만한 자존심이기도 하다. 우리도 과거의 '선비문화'를 되살려 자본주의에 체면과 염치를 부가할 방도를 찾아보아야 할 때다.

IT는 가치혁명이 아닌 도구혁명에 불과

사람들은 IT를 엄청난 가치 혁명이라고 부른다. 디지털 시대가 되면서 마치 인간이 신이 될 것처럼 유비쿼터스니 패러다임 이동이니 하는 말들을 쏟아냈다. 혁명이라고 떠들고 있지만 필자의 눈에는 전혀 혁명으로 보이지 않는다. 그저 청동기 시대가 철기 시대로 변하면서 도구가 좋아지고 다양해진 역사의 재현으로 보인다. 겉으로 보기에 우리가 IT 시대 전과 비교하여 상당히 다른 삶을 산다. 지구반대편에서 수초만에 공짜 이메일이 배달된다. 하지만 이메일이 공짜는 아니다. 우리는 돈 내고 컴퓨터를 샀고, 마이크로소프트사의 오피스를 샀다. 그리고 그렇게 산 제품들은 고장이 없어도 몇 년 지나면 새로 사야 한다. 마치 아직도 입을만한 옷이지만 유행에 너무 뒤쳐지면 버리고 다른 옷을 사야 하는 것처럼 말이다. 그리고 과거에 편지로 주고받느라 며칠 걸렸을 일을 지금은 이메일로 순식간에 전달했다고 그 아껴진 며칠을 우리가 휴가로 쉴 수 있는 것은 아니다. 과거와는 비교도 안 될 엄청난 양의 '쓸데없는 편지'들을 주고받아야 한다. 인터넷에 쇼핑몰이 생기고 개인 블로그가 생기고 홈페이지가 생길 때, 앞으로는 웹디자이너 같은 직업이 각광을 받을 것이라고 매체들은 떠벌렸다. 하지만 여전히 최고 소득 직종은 변호사와 의사다. 그렇게 속아서 웹디자이너가 되고 프로그래머가 된 수재들 중에는 비정규직으로 버거운 삶을 사는 사람들이 많다.

인터넷이 나왔을 때 사람들은 정보의 교류가 활발해졌기에 물리적 이동은 점차 줄어들 것으로 예측했다. 교통량은 줄고 재택근무가 늘 것이라고 했다. 도시 인구는 외곽으로 분산될 것이며, 사람들은 출장 대신 화상회의를 할 것이라고 했다. 그런데도 교통은 여전히 복잡하다. 재택근무자가 과연 몇이나 될까? 한국 IT가 세계 최고의 인프라를 갖춘 다음에도 수도권 인구가 감소했다는 보고는 없다. 비지니스맨들은 화상회의를 마다하고 여전히 비행기 타고 바다 건너 해외출장을 다니고 있다. 더 재미있는 것은 모든 서류가 디지털화 하고 있는데도 프린터로 인쇄해 내는 양은 전혀 줄지 않고 있다. 한 가지 바뀐 것이 있다면 예전에 사람들이 일하는 사무실을 밖에서 쳐다보면 모두가 서류를 뒤척이고 있었지만, 지금은 컴퓨터 화면을 보고 있다는 것이다. 가치혁명은 미미했고, 도구혁명적 요소만 컸다. 그 옛날 마제석기가 청동기로 대체되었던 것처럼, 서류 파일이 컴퓨터 화면으로 바뀌었을 뿐이다. 분명히 IT의 영향력은 과장되었다. 성직자들의 권위를 뒤집고 종교의 참 의미를 찾아준 종교개혁적 요소가 있는 것도 아니며, 절대왕권으로부터 천부의 인권을 돌려받은 프랑스 혁명적 요소가 있는 것도 아니다. 산업혁명처럼 농업 인구의 절대다수가 제조업으로 넘어간 '업종전환 혁명'도 아니다. 여전히 우리는 기존의 질서 속에서 기존의 일을 하며 살고 있다. IT 때문에 바뀐 가치는 거의 없다. 다만 IT 덕분에 정보 욕구를 더 빨리 해소할 수 있게 되었을 뿐이다.

디지털 시대에 더 나빠진 것이 있다. 앞에서 언급한 것처럼 부의 분포가 더 불평등하게 이동하고 있다는 것이다. 정보화 시대에 서민들은 겨우 블로그에서 자기만족을 찾는 동안, 거대 자본권력들은 돈을 위한 정보를 모으며 규모를 키운다. 디지털 시대에는 IT 업종뿐만 아니라 모든 상업, 공업에서 덩치 큰 몇 놈이 다 먹는 판으로 가고 있다. 길거리 슈퍼도 없어지고, 골목길 서점도 사라지고 있다. 소비자들은 '큰 것이 아름답다'는 논리를 자연스럽게 받아들인다. 사람들은 자본집약적 광고에 길들여져서 대기업을 상당히 우호적으로 본다. 믿을 수 있는 상품을 적정가격에 살 수 있으며, 반품도 잘 받아주기 때문이다. 그러나 배후의 큰 문제는 소비자의 좁은 개인적 시각으로 도저히 가늠해볼 수가 없다. 전 세계적으로 표준화되어 외국 어디를 여행해도 동일한 식사를 제공해주는 맥도날드를 건강의 적이라고 성토했던 영국의 몇 '정신 나간 사람'들의 데모를 접했을 때 많은 사람들은 억지라고 생각했다. 그러나 그들의 골리앗을 향한 무모한 돌팔매질이 없었더라면 우리의 아이들은 아직까지도 행복한 표정으로 뻔질나게 맥도날드를 드나들며 체지방을 키워왔을 것이다. 쉬파리가 접시를 옮겨 다니는 중국집보다도, 먼지와 고춧가루가 반반일 것 같은 길거리 떡볶이집보다도 최신식 패스트푸드점 음식이 건강에 더 나쁠 것이라는 생각을 보통의 개인은 할 수 없다.

군중이 옛날보다 더 많은 힘을 가지게 된 것은 사실이지만, 개인이 권력을 얻은 것은 아니다. 그 군중들 속에 속할 때만 나도 묻어갈 수 있을 뿐이다. 간혹 강호에 묻혀있던 개인이 익명에서 실명으로 나오는 날, 그가 영웅이 되기도 하지만 그것도 잠시뿐이다. 변덕스런 군중들은 금방 다른 영웅에게로 떠난다. 집단적 광기는 아무 책임 없이 즐기는 변덕일 뿐이다. 하지만 권력집단은 변덕스런 개미군단과는 다르게 의도를 가지고 정보를 취합한다. IT 덕택에 그들이 여론을 파악하는 것이 쉬워졌다. 그래서 겉으로는 군중들의 요구를 수용하는 듯 생색을 내면서도 뒤로는 자신들의 욕심을 채운다. 정치 경제 사회 문화 지식 권력을 가진 자들이 더 좋은 장비로 군중들을 쉽게 몰고 다닐 수 있는 도구가 IT다.

IT가 평등에 기여했다는 논리는 허구다. 오히려 IT 때문에 제도권 언론들의 힘이 더 세어졌다. 옛날 군사독재시절에는 정치권력이 제일이었고 미디어는 하수인이었다. 하지만 지금은 임기가 빤한 선출권력보다 오너가 요지부동인 미디어 권력이 더 센 시대다. 미디어는 IT라는 뾰쪽한 창에 '국민의 알 권리'라는 방패를 든 무적의 기사다. 민초들은 이제 정부와 미디어라는 두 가지 권력 사이에서 눈치를 봐야 한다. 그런데도 IT가 가치혁명을 불러왔다고? 진정한 혁명은 인간성의 회복, 압제로부터의 해방, 평등과 인본주의를 위해 기존의 낡아빠진 질서를 엎는 것이다. 르네상스가 그러했고, 미국독립전쟁과 프랑스 혁명이 그러했던 것처럼 말이다. 사랑과 증오의 대상을 바꾼 것도 아니고, 우리가 추구하는 가치를 바꾼 것도 아니고, 속도만 바꾼 IT는 절대로 혁명이 아니다.

한국사회와 만난 IT는 물 만난 고기

이 장에서는 정보통신 산업이 한국사회에 미친 영향을 분석해 보았다. 기술적인부분보다는 사회적 측면의 논의들도 많이 다루어졌다. 아직도 과학기술을 천시하는 우리 사회에서는 기술 발전과 사회 변혁의 관계를 논한 저작물들이 흔치 않아 아쉬운데, 내용이 충분하지는 않지만, 이 장이 기술과 사회의 상관관계를 이해하는 새로운 창을 제공할 수 있기를 바란다.

왜 한국사회는 정보에 예민한가?

언제부터인가 한국에서의 삶은 정보 전쟁이다. 늘 바뀌는 입시제도, 하루가 다르게 변하는 아파트 가격에 주파수를 맞추지 않았다가는 낭패를 보기 때문이다. 외국동포들 생활도 이와 크게 다르지 않다. 어느 지역 고등학교가 좋은 대학에 잘 가는지, 어느 동네 집을 사두면 좋을지 하는 정보들은 한인들끼리 모여 앉기만 하면 나오는 이야기다. 정보에 인생을 거는 것이 한국인의 삶이 아닌가 하는 생각이 든다. '은근과 끈기'의 한민족이 왜 이렇게 변하게 되었을까?

옛날부터 우리나라는 바깥으로 중국과 원만한 관계를 유지하고, 안으로는 농사만 잘 지으면 별 문제 없이 살 수 있었다. 그러다가 19세기 말 개화기에 들어서면서 세계에는 중국만 있는 것이 아니라는 것, 그리고 한 수 아래로 봤던 일본이 서구열강과 어깨를 나란히 하고 있다는 점들은 우리를 아주 놀라게 했다. 5천년 잠에서 깨어나야 한다는 자각이 싹트기 시작했지만 진용을 채 정비하기 전에 일본의 식민지가 되어버렸다. 지식인들은 세계정세에 어두웠다는 점을 각성했지만 이미 엎질러진 물…. 하지만 세상 돌아가는 형편을 잘 알던 사람들에게는 오히려 기회였다. 이 무렵에 나온 현진건의 단편소설 『빈처』는 유학까지 다녀온 엘리트 주인공이 글줄이나 쓴다며 세상의 변화를 외면한 채 겨우 끼니를 해결하며 산다. 반면 은행에 다니며 그 시절 벌써 증권을 논하는 친척과 쌀장사로 엄청난 돈을 벌었다는 동서는 주인공과 확연한 대조를 이룬다. 격랑의 세월 속에서 자기 길을 고집하는 한 남자의 고뇌를 낭만적으로 터치한 작품이지만, 아마 당시사회는 빈처 속 주인공을 무능한 남자로 취급했을 것이다.

그러다가 우리는 예상치 못하게 일찍 해방을 맞는다. 기뻐해야만 할 해방을 지식인들은 불안해했다. 우리의 노력이 포함될 여유가 없었기 때문이다. 개인자격으로 귀국했던 임시정부 요인들도 국제정세에 어두웠던 점을 안타까워했다. 김구의 암살, 이승만의 집권, 남한 단독정부 수립 등 숨 쉴 틈 없이 돌아가던 정국이 안정되기 전에 한국전쟁이 터진다. 필자의 어머니는 언어가 같은 동족간의 전쟁은 숨길 것이 없어 더 무섭더라고 회상하신다. 누가 군경가족인지, 누가 지주인지 백일하에 다 드러나는 상황이 동족에 의한 점령이기 때문이다. 여류 작가 모윤숙 씨는 6월 25일 당일 아침 지프차를 타고 서울 시내를 돌아다니며 "정부는 서울을 기필코 사수할 것입니다!"라고 외치고 다녔다고 한다. 그분은 피난에 성공하여 떡장수로 변장하여 다니면서 납북을 면했지만 순진하게 그 방송을 믿었던 사람들은 피난시점을 놓쳐버렸다. 한강다리는 시민들이 서울을 빠져나오기 전에 폭파되었다. 정부 발표에 거꾸로 행동해야 살아남는다는 실례를 구체적으로 보여준 예가 '한강다리 폭파' 사건이다. 이때부터 우리들은 신문보다는 유언비어에, 방송보다는 입소문에 더 귀가 솔깃해지기 시작했던 것 같다. 국가가 나를 지켜주지 않으니 본인 스스로 상황파악을 잘해야 한다는 체험 때문이다.

해방에서 한국전쟁을 지나는 동안은 약삭빠르게 외세를 등에 업은 사람이 득세하던 때였다. 이런 극명한 기회주의자의 모습은 전광용의 소설 『꺼삐딴 리』(캡틴 리)에서 적나라하게 드러난다. 일제에서 번영을 누리던 친일파 외과의사 주인공은 소련군이 진주했던 북한에서 감옥에 갇히게 된다. 하지만 소련군 장교의 얼굴을 성형수술해주는 것으로 기사회생했다가 월남하여 또다시 미국에 붙는데 성공한다. 그가 딸을 미국으로 유학 보내고 자기도 미국으로 건너갈 준비를 하는 것으로 끝나는 소설이다. 외국어의 중요성을 일찍부터 알았고, 판세읽기의 귀재였던 주인공은 언제나 낭떠러지에서 오히려 날아올랐다.

한국전쟁이 끝나고도 우리는 휴전상태에서 군사정권을 거쳐 왔다.

보도와 사실 간에는 언제나 괴리가 있었다. 발표되는 정책이나 뉴스들이 전국적으로 동시에 신문과 방송으로 전해졌지만 진짜 정보는 언제나 중앙의 힘 있는 그룹들 사이에서만 새어나왔다. 그러니 서울과 지방의 정보차이는 현격하게 벌어졌다. 서울은 많은 인구로 숨쉬기도 어려울 정도로 비대해진 반면, 지방은 언제나 만성 영양실조 상태다. 민주화 운동이 치열하던 시절에 지방대생들은 데모도 한 번 시원하게 못했다. 정국에 관한 정보는 언제나 서울로부터 '~카더라' 통신으로만 전해졌기 때문이다. 하지만 큰 사고는 지방에서 터졌다. 무식하면 용감하다는 말이 실현된 것이다. 부마사태에 이어 광주에서 대량의 사상자가 발생했다. 그러다가 우리는 "책상을 탁! 치니, 억! 하고 죽었다"는 박종철 군 사건으로 민주화를 앞당긴다. 대자보를 통해 악을 써야 했던 항쟁대상이 사라지고 민주사회가 온 것 같았다. 그러나 '팍스 코리아나'는 오래가지 못했다.

억압에서 해방된 민주 공화국은 '돈 공화국'으로 바뀌었다. 사두기만 하면 연일 폭등하던 증권, 일 년 만에 두 배로 뛰는 집값 이야기들이 사람들의 귀를 낚아챘다. 부동산 대책을 논하는 관료와 기자들까지 투기에 앞장섰던 광풍의 세월이 지속되었다. 필자가 연구원 생활을 하던 경기도 기흥 땅을 서울지방법원 판사들이 단체로 구입했다는 보도도 버젓이 신문에 실렸다. 그러다가 우리는 IMF를 맞는다. 원화가치가 곤두박질치던 격랑의 순간이 오히려 '선수'들에게는 역시 기회였다. 며칠 사이에 환률 차이로 억대 이익을 낸 사람들의 성공담이 IMF 뒷

무대로 새어 나왔다. 역시 정보다! 한 발 빠르게 대박을 잡느냐, 아니면 막차 탔다가 쪽박을 차느냐는 정보로 결정된다는 것이 주식시장과 IMF에서 증명되었다. 국가적 위기로 대다수가 고통 받는다고 개인의 운명마저 동일한 것은 아니다. "한 가지만 할 줄 알면 대학 간다!" 던 말을 철석 같이 믿고 손 놓고 있다가 자식 어깨를 축 처지게 한 사람들, "정권을 걸고 부동산을 잡겠다!" 던 말을 믿고 좁은 집 팔아 넓은 집으로 전세 간 사람들도 있었다. 여전히 입시지옥은 되풀이 되고 부동산은 출렁이건만 자신들의 헛된 약속에 부끄러워하는 사람도, 책임지는 사람도 없다.

과거와 현재의 정보는 성격이 확연히 다르다. 한국전쟁 중이나 군사독재시절에 정보는 안전에 관한 정보였기에 많은 사람들이 나눌수록 좋다. 하지만 민주화 이후의 돈 정보, 입시 정보는 나누면 가치가 떨어지는 이기적 정보다. 나눌수록 좋은 '안전정보' 에서, 퍼뜨릴수록 손해인 '이익정보' 로 정보의 특징이 바뀐 것이다. 남이 엉뚱한 주식을 살 때 내가 알짜 주식에 투자해야 이익이며, 동료가 어떤 지역 아파트를 고집할 때 나는 다른 곳을 노려야 이익이 극대화 되는 '정보차별화' 시절이 되었다. 좋은 과외 선생을 다른 집 애들에게 소개해주는 것은 내 자식 재수할 확률만 높이는 짓이다. 그리고 이제는 미국대학 진학을 노리면서 더욱 넓고도 은밀한 정보가 필요해졌다. 그러니 이제는 정보의 진위 뿐 아니라 보안도 중요하게 되었다. 이런 사회 환경에서 한국 IT의 선봉장 핸드폰이 증권 투자, 부동산 투자 그리고 대입에 기여한 공은 실로 크다. 지금 정보전쟁 시대에서 개인화기는 총이 아니라 핸드폰이다.

우리는 과거에 지구력에 많은 점수를 주었다. 우리 건국신화에서도 호랑이보다 더 오래 동굴에서 참았던 곰이 웅녀가 되어 단군왕검과 결혼한다. '은근과 끈기' 도 지구력을 강조한 말이다. 그러다가 산업화가 밀어닥친 이후로는 지구력보다 순발력이다. 한국사회는 순발력 있게 신분을 바꾸어보려는 사람들의 야망과 좌절이 넘친다. 어차피 정보화 시대가 도래한 마당에 애써 거꾸로 가는 척 '느림의 미학' 을 찬양하는 것은 너무 한가하다.

우리나라 사람들이 정보에 예민해진 이유는 사실과 공식발표 사이에 너무 많은 간격을 보며 자라왔기 때문이다. 부동산이나 입시대책은 항상 너무 늦게 나왔고, 현상은 거꾸로 움직일 때가 많았다. 그러므로 사실 정보를 얻을 통로가 따로 필요하여 유독 우리 사회에는 연줄이 많다. IT 시대는 이런 사회에 성능 좋은 화기를 제공해준 것이어서 우리나라에서 IT가 부흥한 것은 당연하다. 이런 부정적 시각만이 아니라 한민족은 근면 성실하기 때문이라는 긍정적인 면도 있다. 게으른 인간들은 정보에 관심 없다. 하지만 부지런한 사람들은 노력한 만큼의 대가에 예민하고, 지금 내가 어디 와 있는지 알고 싶어 한다. 정보 예민증은 한국인들은 의욕이 왕성하다는 것을 보여준다. 하지만 마라톤 주자가 다른 주자들을 너무 자주 돌아보면 좋은 기록 내기가 어렵다는 사실도 알아야 한다. 순발력과 지구력의 균형을 생각해야 할 시점이다.

죽은 박정희, 산 이명박을 누르다

노무현 정부는 준비가 덜 된 정권이었다. 팀을 제대로 갖추지 못한 채 정권을 잡았으니, 인사문제에서 언제나 잡음이 많았다. 대미관계와 대일관계에서는 특별히 자존심을 회복한 것도 없이 괜히 빳빳했지만 이라크 파병, FTA 등 들어줄 조건은 다 들어주었다. 하지만 노무현 시대는 비로소 대한민국이 민주국가가 된 시점이다. 양김 집권시대의 정치가 그런대로 과도기를 잘 넘긴 성공작이었지만 진정한 민주화와는 아무래도 거리가 있었다. 양김 두 사람의 권위가 조선시대 임금들보다 더 커 보였기 때문이다.

노무현 시대는 경제에서 삼성과 LG가 휴대전화로 세계를 제패했고,

현대자동차는 세계 속 브랜드로 자리 잡은 시대다. 정치에서는 진정한 민주화, 경제에서는 글로벌 경쟁력을 동시에 이룩한 시대였다. 그런데 아이러니하게도 대통령과 여당의 인기는 최악이었다. 설상가상으로 유신공주라고 불리던 박정희 전 대통령의 딸이 다시 정상의 인기를 누리는 이상한 판세가 노무현 시대의 정치현실이었다. 왜 이런 현상이 생겨났는가? 먹고 살기가 더 어려워졌기 때문이다. 젊은이들은 일자리가 없고, 과거에 존재하지도 않던 '비정규직' 이라는 단어가 등장했다. 장사해먹기도 어려워져서 영세 상인들은 하루살이 목숨이다.

이럴 즈음, 독재자 박정희가 환생했다. 마치 나폴레옹이 엘바 섬을 탈출하여 파리로 들어오던 그 전설 같은 2백 년 전 프랑스 역사가 한국에서 다시 일어난다. 나폴레옹은 자신이 직접 컴백했지만 박정희는 자신의 딸로 환생하여 정치판에 재등장했다. 어떻게 이런 일이 생길 수 있었을까? 독재자 타도를 외치며 꽃 같은 젊은이들이 수없이 민주 재단에 피를 뿌렸건만 그가 다시 우리의 영웅이라니? 이 모순에 대한 대답을 결론부터 말한다면, 제조업의 박정희가 정보통신업의 노무현을 누른 것이다.

박정희 정치는 밀실정치였지만, 경제만은 참여경제였다. 고졸이든 대졸이든 박사든 적재적소에 취직되었다. 우리나라가 전형적인 성장기 제조업 경제에 놓여있었기 때문이다. 직장주택조합이 있어 10년 정도 직장생활하면 누구나 집을 살 수 있었다. 직장 있고 집 있으니 등 따습고 배부른 시대였다. 진급도 쉬워서 대졸자는 입사 4년 후 대리, 대리 4년 후 과장이 되었다. 군대형 조직문화와 과도한 노동시간 때문에 힘들었지만 적어도 실업문제는 없었다.

쿠데타로 집권했던 전두환, 노태우 대통령 시절까지 이 분위기는 그대로 이어졌다. 그래서 삼청교육대와 광주민주화운동으로 얼룩진 전두환 대통령의 치세를 그리워하는 사람들마저 있다. '참여경제' 체제였기 때문이다. 그러다가 김영삼, 김대중 정권으로 오면서 우리 경제의 중심축이 굴뚝산업에서 IT로 옮겨가기 시작했다. '참여경제' 에서 '엘리트 경제' 로 이동하는 과정이다. 성실한 천 명보다 똑똑한 한 명이 중요한 엘리트 경제는 거역할 수 없는 대세였다. 매스컴에는 엄청난 연봉의 경제스타들 이야기가 단골메뉴다. 삼성전자의 강진구, 윤종용, 진대제 처럼 월급쟁이로 시작하여 탑에 오른 사람들, 한국의 빌 게이츠라는 이찬진, 다음을 창업한 이재웅, 국산 컴퓨터 백신의 안철수 등은 우리 시대 우상이다. 그러나 대다수 젊은이들에게 그 우상은 자신들을 더욱 슬프게 만드는 존재에 불과하다. 우선 자기가 취직이 안 되기 때문이다.

미국경제만 제조업에서 정보통신업으로 이동했지 세계경제 2~3위인 일본 독일은 여전히 제조업에 머물러 있으며, 4~5위인 프랑스 영국은 서비스 분야가 주 종목이다. 높은 PC 시장 점유율을 가진 대만도 제조업 범주인 하드웨어 생산 위주다. 유독 우리나라만 토플러의 제3의 물결을 바이블 삼아 정보통신업에 올인 했으며, 이제는 소프트웨어를 탑재해야 한다고 '콘텐츠' 타령을 하고 있다. 그래서 결과적으로 누린 이익이 많기는 하다. 세계화에 어느 정도 성공을 거두었다. 우리의 존재가 국제사회에 알려지게 된 것이다. 일본 콤플렉스도 일정부분 졸업했다. 80년대 소니의 워크맨이 있었다면 2000년대에는 삼성 휴대전화가 있으니 말이다.

하지만 자연스럽게 제조업에서 정보통신 산업으로 이동하기보다는 억지로 밀었기에 다른 문제를 야기했다. 산업이동이 빠르게 진행된 원인으로는 정부나 기업의 드라이브도 있지만, 유교문화권인 우리나라에서 손에 기름 묻히는 제조업을 싫어하는 경향도 한몫 했다. IT는 제조업보다 깨끗하고, 수도권에 모이기 쉬운 업종이다. 과거 제조업은 창원 포항 울산 여수 거제도에 둥지를 틀었지만, IT는 강남 테헤란로로 모였다. 서울근처에 있을 수 있는 깨끗한 산업이라는 강점은 아주 큰 구동력이다. 국가적 업종변경에 정부와 기업들이 속도를 냈고 국민들도 적극 동참했다. 하지만 더 심해진 양극화 현상에는 속수무책이었다. 청년실업 문제와 노인복지문제는 여전히 큰 진전이 없다. 양극화 아래 계층의 중년들은 자녀들 과외에 허리가 휘는데, 연로하신 부모님들까지 책임져야 하는 구조다.

미국을 고스란히 따라하던 우리나라는 미국에 이어 벤처 거품경제로 한바탕 회오리가 경제를 뒤집어놓고 갔다. 한국에서의 벤처는 아무런 제품 없이도 엄청난 국고를 지원받은 가짜 회사들이 많았었다. 중소기업이 튼튼한 경제구조로 갈 뻔했던 기회는 가짜 벤처들에 의해 무산되었고, 다시 '재벌 불패'를 굳히는 계기가 되었다. 그 와중에서 진짜 효자노릇을 했던 조선업은 2002년에 수출액 100억 달러를 돌파했고, 2006년에는 수출액 200억 달러에 고용인원 10만 명을 넘겼지만 별로 눈길을 끈 적이 없다. 서울에서 가장 먼 지역에 떨어져 소외감과 열악한 근무환경과 싸워오던 조선, 중공업이 없었다면 IT 이후의 국가경제는 얼마나 휘청거렸을까? 좀 더 많은 사회적 관심과 공로를 그들에게 돌려야 한다.

참여정부의 가장 큰 어려움은 제조업 비중이 줄고 정보통신업이 커지면서 양극화가 심화되는 시점에 정권을 맡은 것이다. 시대가 영웅을 만든다. 박정희대통령 시대가 그를 영웅으로 만들어 주었다면, 노무현 대통령은 시대가 그의 손발을 묶었다고 봐야 한다. 뒤를 이은 이명박 대통령은 실업과 경기침체를 인지했고 대운하 사업으로 경기를 부양하려 했지만, 저항에 부딪혔다. 시대착오적인 아이디어였기 때문이다. 물류는 속도가 중요한데, 운하는 완행열차보다 늦어서 미국에서도 열차가 생기자 운하는 곧 퇴보했었다. 그건 그렇고, IT 이후의 복잡한 경제구조 변화를 이해하고 해결하려는 실력과 의지가 과연 우리에게 있을까? 총체적 경제체계의 변혁을 대통령 한 명 잘못 뽑아서 생긴 문제로 가볍게 인식한다면, 양극화와 실업문제의 병은 더 깊어질 것이다. 결국은 한국경제를 이끌어 왔고, 현재도 여전히 실세인 대기업들이 문제해결의 열쇠를 가지고 있다. 이윤추구뿐만이 아니라, 많은 사람을 고용하여 먹여 살리는 것도 기업의 존재이유라는 것을 대기업들이 철저히 인식한다면 실업문제는 어느 정도 해결가능하다. 등기이사들의 요란한 천문학적 배당금 잔치보다, 사람을 아낄 줄 알아야 진짜 국민기업이다.

국민소득은 증가하고, 행복지수는 감소하고

한국사회는 70~80년대의 제조업을 견인차로 하여 발전했으며, 90년대 이후로는 IT를 주축으로 하고 자동차, 조선 등의 제조업이 뒤를 받치는 형태로 성장해왔다. 90년대 이후로는 경제뿐 아니라 선진국에 준하는 민주화도 이루었다. 제2차 세계대전 이후 독립국들 중 한국만큼 양호한 성적을 보인 나라도 없다. 그런데 이상하게도 국민들의 불안은 깊다. 한국사회는 경제발전을 이루고도 부동산과 교육, 노인복지와 수도권 집중의 고질병들을 해결하지 못한 탓이다. 그런데 이 문제들은 직간접적으로 IT와 모종의 연관이 있다. 한국사회가 제조업을 대충대충 넘기고 곧바로 정보통신 산업으로 넘어가면서 소위 '4대 고질병'(교육 부동산 수도권 노인복지)이 깊어진 이유를 밝혀보자. IT와 전혀 관계없어 보이는 사회문제들을 IT 책임으로 몰아가려는 필자의 주장이 억지 논리 같아 보일 수도 있다. 하지만 최소한 간접적 책임은 확실히 있다. 우리 속담에 '때리는 시어머니보다 말리는 시누이가 더 밉다'는 말이 있다. IT가 직접 구타한 시어머니는 아니지만 시어머니의 폭행을 말리는 척만 하는 얄미운 시누이 역할은 했다. 이번 장에서는 노인복지 교육 부동산 문제와 IT 산업의 연관성을 논했다. 수도권 집중은 별도로 다루었다.

3.3.1 노인 복지와 IT

미국의 원조 IT와 우리나라의 IT는 다른 점이 있다. 미국은 제1차 세계대전을 계기로 농업에서 제조업으로 넘어갔다. 세상에서 가장 고장 안 나고 튼튼한 물건이 메이드 인 유에스에이(Made in USA)였던 시대를 거쳐 왔다. 하지만 70년대부터 메이드 인 재팬(Made in Japan)이라는 폭탄에 의해 일본에게 역습을 당한다. 날렵하고 세련된 디자인을 앞세운 일제 때문에 미제는 아주 둔한 미련퉁이 물건으로 취급되었다. 미국은 이때 일본을 견제하는 대신 한 단계 위의 정보통신업으로 점프했다. 그러므로 미국은 충분히 제조업을 거쳐 온 역사를 가진다. 미국 제조업 중에서도 노동자 입김이 특히 센 업종은 자동차와 철강 산업인데, 이들 노조의 등살에 복지 개념을 어느 정도 도입할 수 있는 시기도 가졌다. 덕분에 노인복지 시스템이 어느 정도 갖추어졌다.

미국과 달리 우리나라는 제조업의 충분한 성장 시기를 거치지 않고 IT 시대로 넘어갔다. 이는 복지가 준비되기 전에 고용이 불안한 IT 시대를 맞이한 꼴이다. 정부는 '효도는 아름답다'는 슬로건으로 노인복지를 대신하려 한다. 직장에서 상사 눈치 보느라, 집에서는 연로하신 부모님 모시느라 이중고로 고단한 가장들이 많다. 제조업에서 IT로의 급격한 이동으로 노인복지를 준비할 시간이 없었다. 게다가 유교 정서까지 있어서 한동안 해결되기 어려울 것 같다. 노인복지는 노인들만의 문제가 아니다. 중년들의 스트레스가 늘고, 생산성이 떨어지는 중요 문제가 노인복지다. 아직 자식문제로 고민할 나이가 안 되었고, 불륜은 근처에도 갈 것 같지 않은 사람이 사무실에서 한 숨을 푹 쉬면 십중팔구 부모님 모시는 문제다. 결혼하여 자기 가정을 이룬 사람들은 일과 자식들만 신경 쓰고, 사회에 젊음을 바친 노부모님들은 국가가 책임져야 한다. 정부의 적극적 의지도 필요하고, 노부모는 반드시 자식들이 모셔야 한다는 도덕적 잣대도 바뀌어야 한다. 청년들의 높은 실업율과 노인 부양책임을 진 중년들의 정년이 짧아져 노인복지가 근본적으로 해결되기는 쉽지 않다. 이것이 제조업 단계를 충분히 거치지 않고 IT로 넘어 온 후유증이다.

3.3.2 교육문제와 IT

토플러는 『제3의 물결』에서 근대적 학교의 탄생은 공장생산제도에서 비롯되었다고 했다. 옛날 농업시대에는 자녀들이 부모님에게 배웠지만 산업혁명 후 제조업 시대에는 부모들이 공장으로 출근하니 그들을 맡아줄 집단적 학교가 필요했다는 것이다. 부모들처럼 아침에 갔다가 저녁에 돌아오고, 공장 작업복 같은 교복을 입고, 조립라인처럼 줄줄이 의자에 앉아 규격화된 교육을 받는 것이 근대적 학교다. 규격화된 시험으로 학생들도 상품처럼 등급이 매겨지는 '품질관리'를 거친다. 규격화된 학교는 규격화된 제조업 사회에 유용한 인재를 키워냈다.

그러다가 공장형 제조업에서 다품종 소량의 고급 제조업과 IT로 가게 된 선진국들은 학교를 유연하고 창의적인 장소로 변환시키려 노력했다. 정보통신에서 앞선 미국이나 핀란드 같은 나라들이 이 방면에서 앞선다. 미국에서 10년 동안 아이들을 키워 본 필자의 경험에 의하면 미국 공교육 교사들의 평균수준은 함량미달이다. 하지만 그런 교사들을 데리고도 훌륭한 교육시스템으로 창의적이고 유연한 사고를 가진 인재 키우기에 노력했으며, 분명한 성공을 거두었다. 세계 랭킹 100위 안에 드는 대학 중 미국 대학이 50개 이상이다. 초중고교가 입시에만 에너지를 쏟는 것도 아닌데 말이다. 학교는 창의력 육성뿐 아니라 사회와도 잘 조화할 수 있는 인간 양성을 위해 노력하고 있다. 미국의 총체적 사회 시스템을 좋아하지 않는 필자도 교육 시스템만은 품질을 인정한다.

그런데 한국의 경우 정보화의 급속한 진행에도 불구하고 학교는 요지부동이다. 주입식 교육과 후진적 입시제도 말이다. 과거 유럽의 미성년 노동자들이 겪었던 12시간 이상의 중노동을 학생들 전원이 하고 있다. 한국 교육은 아직도 기계로 붕어빵 찍는 제조업 공장이다. 진정한 정보화 사회에서는 사고의 유연성과 창의력이 기본이다. 왜냐하면 법조항과 영단어 등 단순지식은 IT가 만든 손바닥만 한 전자사전에 다 들어있기 때문이다. 그런데도 엘리트 자리는 여전히 암기왕이 차지한다. 그러므로 교육으로부터 거꾸로 끼워 맞춰보면 한국의 IT 산업도 교육과 마찬가지로 기술력 보다 임기응변과 밀어붙이기의 범주에 있다. 학교가 변하지 않는 한, 글로벌 인재나 창의적 인재는 공염불이다. 그리고 학교가 변하려면 교육부만 손가락질 한다고 될 일이 아니고, 공장제조업 마인드를 가진 부모세대가 변해야 한다. IT는 치고 빠지는 순발력만으로 영원히 생존할 수 있는 산업이 아니다. 기존의 틀을 깨는 착상이 가능한 사람들이 IT를 지배한다. IT의 히트 상품들은 인류가 과거에 한 번도 사용해본 경험이 없는 것들이기 때문이다. 우리의 IT는 제조업으로 충분히 뜸을 들이지 못한 설익은 밥이다.

3.3.3 부동산과 IT의 상관관계

IT 시대에도 교육은 여전히 붕어빵 공장 수준에 머물러 있었다면, 부동산은 IT가 시작되기도 전에 벌써 정보화가 도입된 부분이다. 한국에서 집은 생활공간보다 투자수단으로 더 중요하다. 그래서 잘못된 정보와 가치판단으로 이유 없이 행복해하거나 좌절한다는 것이다. 작은 아파트를 어렵게 구입한 가정은 자기 동네 아파트 가격이 계속 오르면 아주 좋아한다. 앉은 자리에서 일 년 연봉 이상을 고스란히 벌었다고 말이다. 그러나 자세히 보면 그렇지 않다. 그들이 그 아파트를 당장 팔아서 무엇인가를 할 수 있는 처지도 아니며, 넓은 아파트로 옮겨가기는 더 힘들어진다. 자기 아파트 가격이 오르면 이사 가고 싶은 큰 아파트 가격은 더 오른다. 방 하나 늘려 이사 가기 위해 1억 이상 든다면 자기 집 값 오른 것을 과연 기뻐해야 할 지 다시 생각해봐야 한다. 아파트 가격 올라서 좋을 때는 애들 다 키워 보내고 큰 집 팔아서 작은 집으로 이사할 때, 즉 인생에 한 번 밖에 없다. 집값이 올라서 좋은 사람은 집이 여러 채인 투기꾼들뿐이다. 좁은 아파트 한 채뿐이고 애들도 어린데 가격상승을 반긴다면 정말 멍청한 사람이다.

부동산실명제는 발 빠른 인간들이 부동산에서 충분한 이득을 올린 다음인 95년 7월부터 시행되었다. 그나마 김영삼 전 대통령이 막무가내로 93년 8월부터 금융실명제를 실시하였기에 가능한 조치였다. 그 전후에도 무주택자 우선 공급, 직장 주택조합, 1가구 1주택, 아파트 분양가 공개, 종부세 부과 등 무수한 조치가 실시되었지만 약효가 신통찮다. 오를 때는 '억! 억!' 하는 소리가 들려도 별 상관 안하던 보수언론들은 부동산이 진정세를 보이면 경기침체로 가는 것 아니냐고 난리다. 그러다가 대선 철이면 풀리는 선거자금으로 또 미친 년 널뛰듯 오르는 것이 부동산이다. 언제 터질지 모르는 풍선껌 같은 아파트 시장에 큰 역할을 하는 것은 역시 정보다. 버블이 두렵긴 하지만 실세들이 부동산으로 재산을 늘리고 있으니 안전할 것이라는 믿음이 부동산교

신앙의 기본교리다. 순발력 위주의 정보화 사회는 진짜 IT 강국이 아니다. 진정한 IT는 시스템이다. 사회 시스템도 통신망처럼 잘 정비해서 '콩 심은데 콩 나고, 팥 심은데 팥 나는' 세상을 만들어야 진짜 IT 강국이다.

인구의 절반이 수도권에 : IT는 통합과 집중을 좋아한다

처음 인터넷이 등장했을 때 거론되던 기대효과는 대도시 인구분산이었다. 사람들의 재택근무가 늘어날 것이고, 대도시 사람들은 한적한 교외로 이사 갈 것이라는 예측이 있었다. 그러나 세계 어디에도 인구 분산효과는 없었고, 한국에서는 오히려 서울집중 현상이 더 심해졌다. 현재는 인구 절반이 수도권에 살며, 대기업 본사는 전부 서울에 있는 실정이다. 인터넷이 대도시 사람들을 밖으로 몰아내리라는 추측은 상당히 논리적으로 보인다. 인터넷이나 이메일로 쉽게 접촉할 수 있으니 굳이 얼굴을 마주 할 필요가 없다는 것이다. 화상회의로 직접 만남을 줄이고, 이메일로 보고를 대신할 것이라는 논리에는 전혀 하자가 없다. 하지만 인간은 기계가 아니다. 휘하의 부하들을 눈으로 확인하고 직접 보고를 듣고 싶은 것이 사람 마음이다. 다들 집에서 근무하는데 자기만 사무실로 출근할 상사는 없다. 급한 일이 있을 때 조치 속도도 떨어진다. 인터넷이나 이메일이 1대1 만남은 그런대로 소화해내지만, 여러 명의 동시다발적 만남에는 한계가 있다. 사안의 미묘한 느낌이 모두에게 전달되지도 않고, 괜히 증거를 남기고 싶지 않은 민감한 발언도 다 기록에 남는 것이 이메일의 부담이다. 이런저런 이유로 인터넷의 인구분산 효과는 없다고 보면 된다. 더욱이 인간이 도시에 살기를 선호하는 이유는 직장 때문만이 아니다. 문화 교육 오락을 즐기기엔 도시가 더 좋다.

한국에서는 인터넷이 분산은커녕 오히려 인구집중을 부른 이유는 무엇일까? 청계천 상가, 용산전자상가, 테헤란로 같은 IT 기지가 서울을 중심으로 형성된 탓이다. 과거 한국정부는 수도권 집중을 막기 위해 제조업은 물론이고 연구소들도 수도권 내의 건설을 통제했다. 하지만 IT 산업이 들어오면서 이 경계가 허물어졌다. IT 산업체들 중 소프트웨어를 중심으로 하는 회사들은 생산 공장도 없고, 공해물질을 내는 것이 없으니 수도권 접근을 막을 근거가 없다. IT는 분산이 아니라 통합을 좋아한다. 또 IT가 좋아하는 것은 1등이다. 인재든 도시든 시스템이든 똘똘한 한 녀석만 있으면 된다. 이런 연유로 삼성 이건희 회장이 천재급 인재에 배가 고프다는 이야기를 자주 했었는데, 거꾸로 풀어보면 '너희들은 다 아니야!' 라는 말이다. 똑같은 논리가 도시에도, 학교에도 그대로 적용된다. IT에서 2등은 소용없다.

장기적으로 추진해야 할 수도권 분산을 노무현 대통령은 한 방에 해결하려다가 실패했다. 천도는 군부독재시절에도 어려운 일인데 민주시대에 감행하려 했다. 안이한 시각이었다. 수도권 분산은 수도권 사람들을 밖으로 몰아낼 생각이 아니라, 지방을 잘 만들어서 수도권 사람들을 유혹해내야 한다. 합당한 집값, 좋은 학군으로 대덕연구단지 사람들이 그들의 거주지에 만족하는 것을 보면 방법은 명확하다. 교육과 환경, 주택에서 지방 도시들이 양질의 서비스를 제공한다면 수도권 분산이 가능하다. 지역감정만 있고 지역특색은 없는 문화는 지나가야 한다. 지방을 키우려면 지방대학의 활성화도 중요하다. 그들이 서울소재대학들과 경쟁하려면 전문화가 경쟁력의 관건이다. 백화점식 지방대학들을 전문화해야 한다.

진정한 민주국가가 되려면 지방분권에 의한 지역 균형발전이 중요하다. 그러나 수도권만 비대해진 불균형은 IT에 의해 더 악화된 면이 있다. 집중과 통합을 추구하는 IT 산업과 다르게 민주사회의 기본은 분리와 견제다. IT가 망해도 민주주의는 계속돼야 하지만, 거꾸로 민주주의가 망하면 IT는 의미 없다.

임기 없는 독재자, 신문방송

인터넷으로 개인들이 홈페이지를 만들고, 블로그도 만들고, 신문기사에 댓글 올리는 일이 가능해졌다. 개인에게 거대 미디어를 견제할 권력이 생겼으며, 네티즌들이 여론에 막대한 영향력을 행사할 것으로 전망되었다. 그러나 풀뿌리 민주주의는 기대만큼 실현되지 않았다. 확실한 사명과 소득을 생산하는 일이 없는 개인 블로그는 얼마간 열정적인 활동을 하다가 서서히 시들어가는 것들이 대다수다. 처음 개인 홈페이지가 만들어졌을 때에는 서로 집들이 다니느라 분주했지만, 지금은 발길이 끊긴 폐가 홈페이지들이 가득하다. 인터넷은 광고계, 언론계 사람들에게는 확실히 편한 도구다. 하지만 먹고 살기 바쁜 보통 사람들은 시간나면 가끔 지나다니는 사이버 골목길일 뿐이다. 도대체 인터넷 시대라고 개인에게 무슨 파워가 생겼단 말인가? 짧은 댓글 기능은 민중들의 마스터베이션에 불과하다. 이제 댓글은 그 숫자로 실린 기사의 인기도를 말해주는 측정 장치로써 더 중요할 뿐이다.

IT 시대의 뚜렷한 현상은 활자 신문보다 TV 권력이 훨씬 커졌다는 것이다. TV는 대중을 완전히 장악한 막강한 권력자가 되었다. 그런데 TV란 원래가 오락성이 강한 매체라 심각한 문제보다는 자극적이고 가벼운 주제를 다루기 좋아한다. 쉬기 위한 목적이 TV 시청이므로 이런 가벼움은 당연한 것이다. 대중들은 TV를 통해 깊지 못한 지식을 얻은 후 독서를 외면하는 것이 문제다. 그래서 정보는 넘치지만 지식은 오히려 줄고 있는 느낌이다. 예를 들면 수니파-시아파 이슬람 교도간의 갈등은 아주 익숙한 용어지만, 우리가 가진 지식은 너무 빈약하다. 허구한 날 보고 들은 뉴스가 이라크 전쟁이었음에도 말이다. 이런 무식한 영상매체의 요구에 부응하여 지식보다는 외모에 엄청난 투자가 이루어지고 있다. 외모지상주의는 IT가 선도하는, 피부두께만큼이나 얇고 저급한 문화다.

IT 시대 독자들은 매체의 견해를 따르기 보다는 자신의 성향에 따라 매체를 선택하는 것 같다. 더 이상 좌파가 우파를 교육시킬 수 없고, 우파도 좌파를 설득시킬 수 없다. 이런 상황에서 중요한 것은 매체의 규모다. 기자후보생들도 더 큰 매체의 기자가 되고 싶어 한다. 그래서 진보 매체들보다 규모가 큰 보수매체인 조중동 기자로 입사하기가 훨씬 어렵다. 기자들이 모두 자기 신문사의 논조에 찬성하는 것은 아니다. 먹고 사는 방편이라면 그 정도는 접어주는 사회가 자본주의다. 이런 과정을 거쳐 언론 권력은 큰 쪽으로 급속히 모아진다. 군소진보매체들이 거대 보수매체들을 그렇게 난타해도 결국에는 보수매체의 맷집만 키워주고 있다. 진보언론의 비판이 비논리적이거나 약해서가 아니라 규모에서 밀리기 때문이다. IT 문화에 길들여진 사람들은 옳은 것보다 크고 유명한 것에 더 주목한다.

덩치 큰 언론사들은 언제나 국민의 알 권리라는 '전가의 보도'를 휘두른다. 그리고 그 보검으로는 자기들이 베고 싶은 부분만 베고, 찌르고 싶은 것만 찌른다. 정부와 거대매체들이 토론에서 만나면 정부는 백전백패할 수밖에 없다. 정부는 실행책임이 있지만, 언론사는 입만 놀리면 되기 때문이다. 잘못한 말은 취소하거나 그 뜻이 아니라고 우기면 그만이다. 하지만 정부사업이나 정책들은 일정부분 오류를 포함할 수밖에 없다. 언론 엘리트들에게 국정을 통째로 맡기면 그들은 자신들의 말만큼 완벽하게 국가를 운영할 수 있을까? 복지는 복지대로, 고용은 고용대로 좋아지고, 성장도 하면서 분배도 실현할 수 있을까? 일과 말은 별개다. 말로는 못할 일이 무엇인가? 아무리 매체의 권력이 커져도 선출권력보다 더 힘이 세지면 안 된다. 언론은 국민들로부터 어떤 권력도 위임받은 적이 없는 사적 이윤추구집단이다. IT가 더 발전해서 거대 미디어의 정보독점력이 더 커진다 해도 매체권력이 선출권력보다 커지지 않도록 국민들이 깨어있어야 한다. 정권이 싫으면 선거로 바꿀 수 있지만, 언론은 싫어도 뒤집을 수 없는 기업이기 때문이다.

IT는 언론에 의해 과장되었다

컴퓨터는 계산기와 타자기가 복합된 기계다. 아무 것도 없다가 갑자기 고성능 컴퓨터가 나온 것이 아니라 기능들이 통합된 결과다. 인터넷도 이미 우편과 팩스, 전화, TV가 나온 후에 등장한 것이므로 갑자기 하늘에서 뚝 떨어진 것이 아니다. 휴대전화는 무전기와 삐삐 시대를 거쳐 오늘에 이르렀다. IT 기기의 등장보다 전화와 라디오가 처음 등장했을 때가 사회적 파장이 더 컸다. 지금의 디지털 시대를 혁명이라고 난리치는 것은 분명 과장이다. HD TV가 나오면 세상이 온통 바뀔 것처럼 떠들었지만, 별 신통한 변화가 없자 쑥 들어가 버렸고, 휴대전화 광풍도 서서히 수그러들고 있는 중이다.

디지털 세상이 되었다고 입시에 컴퓨터가 추가되었다거나, 인터넷 잘하는 애들을 무시험 전형으로 선발했다는 이야기는 못 들어봤다. IT 시대에는 자동번역기가 등장해서 외국어는 필요치 않다더니, 여전히 영어시장은 어마어마하다. 디지털 시대 수학도 여전히 『수학의 정석』이다. 직업은 또 어떤가? 벤처 하다가 망한 사업가들은 간 곳 없고, 여전히 의과대학이 문전성시다. IT 신업종인 웹디자이너니 컴퓨터 프로그래머들은 계약직이 수두룩하지만, 공고 졸업하고 일찍이 현대자동차나 대우조선에 자리 잡은 사람들은 대기업 사무직 부럽지 않다. 도대체 어디에 디지털이 세상을 바꾼 흔적이 있는가? 따뜻한 디지털 세상을 만들자더니 먹고 살기 더 힘든 세상이다.

IT 강국인 한국은 조만간 영국을 추월할 예정이라더니 스페인보다 아직 못하다. 메이드 인 스페인을 한 번도 본 적이 없는데 말이다. 세계 최고의 정보통신 강국으로 꼽히는 핀란드도 경제에서 아직 스위스나 네덜란드만 못하다. 실제로는 별로 변한 것 없는 사회에서 과장된 보도만 접하니 다들 마음만 바빠졌다. '누구는 그렇게 성공했다는데 나는 뭘 했나?' 하는 자괴감이 늘고 욕심은 끝이 없다. 쓸데없는 소식까지 너무 빠르기 때문이며, 좋아 보이는 면만 과장해서 떠들기 때문이다.

IT 영향력은 확실히 과장되었다. 그렇다면 누가 과장했는가? 언론이다. 신문 방송 잡지들이 허구한 날 IT가 세상을 바꿨고, 더 많이 바꿀 것이라고 떠들어댔다. 왜? 일반인들에게 IT는 없으면 그만이요, 있으면 좋은 편의시설이다. 하지만 언론에게 IT는 돈벌이 수단이요, 무기다. 그들은 정보통신의 변화와 그에 따른 사람들의 변화를 못 읽으면 곧바로 도태된다. 만년 2등이지만 은메달만은 굳게 지키던 동아일보가 자금력을 앞세운 중앙일보에게 밀려 지금은 동메달이다. 80년대 중앙일보는 형편없었다. 삼성그룹 사보라는 별명이 붙어 삼성에 다니던 필자와 동료들마저 외면하던 신문이었다. 그런데 그 고정 석차가 인터넷 시대에 바뀌어버린 것이다. 동종매체간의 경쟁뿐 아니다. 이제 매체는 서로의 영역이 확실하지 않다. 신문들이 동영상을 만들고, TV들이 문자 서비스와 댓글이 달리는 인터넷 사이트를 운영하고 있다. 거기다가 인터넷 신문들까지 가세해서 언론 시장은 난타전 중이다.

언론에게 IT는 생존에 직결되는 기술이다. 하지만 보통사람들에게 IT는 편리해진 도구에 불과하다. 그래서 IT 기술발전에 관계없이 앞으로도 영원히 변호사 의사 교수는 좋은 직업일 것이지만, IT 근처에서 먹고 사는 사람들은 힘들 것이다. 법과 인체는 거의 고정된 것이어서 의사 변호사는 한 번 배운 지식으로 평생보장이 가능하지만, 진화가 빠른 IT에서의 생존은 언제나 바쁘고 버겁다. 국가도 개인과 다를 바 없어서, IT 산업 국가는 후발주자들 때문에 피곤하다. 중국과 인도의 추격 때문에 뒤통수가 간지러운 것처럼 말이다. 하지만 후발주자들과는 판이한 산업구조를 가진 이태리 프랑스 스페인 같은 나라들은 여전히 유유자적이다. IT는 남들이 따라오기 쉬워서 잠시도 쉴 틈이 없는 피곤한 산업이다.

미국, 일본 그리고 유럽의 IT

우선 세계 경제에서 어느 나라가 얼마만큼의 비중을 차지하는지 순위를 알아보자. 룩셈부르크 덴마크 스위스 등은 개인당 국민 소득이 높지만 인구가 적어 세계경제에 미치는 영향이 작다. 인구가 많음과 동시에 개인당 소득이 높은 나라가 세계경제에 큰 영향을 미친다. 그러므로 세계경제의 영향력을 보려면 한 국가의 일인당 소득보다 국내총생산이 중요하다. 국내총생산은 '일인당소득×인구수' 로 얻어진다.

이전에는 총생산금액으로 GNP(국민총생산)를 사용했지만, 세계화가 진행된 후에는 GDP(국내총생산)으로 바뀌었다. '국민' 이 '국내' 가 되었다. GNP는 Gross National Product의 약자로 자기 나라 국민이 자기 나라와 외국 지사에서 벌어들인 총액을 말하는데, 국내에서 외국인이 번 소득을 제외시킨 수치다. 즉 국적 기준으로 '총인구 생산액' 이다. 하지만 GDP는 Gross Domestic Product의 약자로 국적에 관계없이 자기 나라 영토 내에서 생산된 금액이다. 즉 국경 기준으로 자기 나라 안에서 번 생산액이다.

그러므로 GDP 방식으로 계산하면 해외동포들이 외국에서 번 돈은 포함이 안 되지만, 외국기업이 자국에서 번 돈은 포함된다. 지표가 이렇게 바뀐 이유는 외국에서 돈을 번 국민들은 모국에 기여를 적게 하지만, 국내에서 외국인이 번 돈은 그 나라에 세금도 내고 직원도 채용하므로 내국인 소득과 거의 동일하기 때문이다. 아무도 외국에 나가지 않고 외국인도 전혀 없는 나라는 GNP와 GDP가 동일하겠지만, 요즘처럼 많은 기업들이 인건비 싼 해외로 생산기지를 옮기는 경우는 지표가 상당히 달라진다.

미국은 전 세계 경제의 약 4분의 1을 차지하는 명실상부한 경제대국이다. 유럽연합 국가들의 총합은 미국보다 약간 높지만, EU지역 내에서 유로화 사용 지역만 고려하면 미국의 3/4 정도다. 중국과 인도는 고속성장으로 몇 년 사이에 등위가 많이 올랐다. 몇 년 후면 중국경제가 일본의 2배에 달하지 않을까 추측된다. 일본 경제는 영국과 프랑스

세계은행발표 2007년 국가별 GDP 순위

순위	국가명	GDP($)	순위	국가명	GDP($)
1.	미국	13.8조(23%)	11.	스페인	1.4조
2.	중국	7.1조(12%)	12.	멕시코	1.3조
3.	일본	4.3조(7%)	13.	한국	1.2조
4.	인도	3.1조	14.	캐나다	1.2조
5.	독일	2.8조	15.	터키	0.9조
6.	러시아	2.1조	16.	인도네시아	0.8조
7.	영국	2.1조	17.	이란	0.8조
8.	프랑스	2.1조	18.	호주	0.7조
9.	브라질	1.8조	19.	네덜란드	0.6조
10.	이태리	1.8조	20.	폴란드	0.6조

※ ( ) 괄호는 세계경제에서 차지하는 비율을 나타낸 것이다.

- 유로화 지역 10.4조$ → 미국의 75%
- 20위까지 총합 50.5조$ → 세계 총생산의 83%
- 세계총생산은 60.5조$ 100%

를 더한 규모인데, 두 나라를 합친 인구도 일본인구(1억2천5백만 명)와 비슷하다. 약 200개국이 존재하는 지구촌에서 등위 20위까지가 전체 경제의 80%를 넘는다는 것은 국가별 부의 불균형이 아주 심하다는 것을 말해준다. 한편, 세계 인구를 65억으로 계산하면 세계인구 일인당 평균소득은 1000달러 미만에 그친다는 것을 알 수 있다.

위의 통계를 염두에 두고 미국, 일본, 유럽의 IT를 우리와 비교해보자.

미국방식은 절대 진리, 일본방식은 식민잔재?

우리가 가진 대부분이 그렇듯이 정보통신도 원래 우리 것이 아니고 다른 나라에서 수입된 산업이다. 따지고 보면 근대에서 현대까지 한국에서 가장 앞설 수 있는 비결은 '안에서 무엇을 창조하느냐?' 가 아니라 '밖에서 무엇을 들여오느냐?' 로 결판났다. 이런 사회 환경 탓에 우리는 독자언어인 한글에 긍지를 가지면서도 영어 콤플렉스가 크다. 한글에 대한 긍지가 한글날 하루라면, 영어 콤플렉스는 나머지 364일을 지배한다. 한국사회의 문화나 기술전반에 대한 문제도 한글-영어문제와 다르지 않아서 제법 많이 이루었다는 자부심과 독창적 기반이 약하다는 열등감이 공존한다.

80년대에서 90년대까지 우리산업의 표준은 일본방식이었다. 회사에서는 일본식 용어가 그대로 사용되었고, 도요다 생산방식이니 마쯔시다 경영방식이니 하여 일본을 베끼다시피 했다. 삼성(三星)이라는 이름마저 한자로 쓰면 미쓰이(三井)나 미쓰비시(三菱)와 유사하며, 현대자동차의 영어표기 HYUNDAI는 HONDA와 너무 비슷하다. 우리나라 IT 산업의 초창기라고 할 수 있는 반도체 산업까지만 해도 우리는 일본 카피로 먹고 살았다. 그런데 휴대전화 보급과 더불어, 적어도 우리가 베낄 표준으로서 일본은 한물 간 나라로 취급되었다. 이제는 미국이 유일한 모델이며 일본은 안중에도 없다.

마침 일본은 정보통신이 진행되는 90년대가 슬럼프였다. 고품질로 세계 시장을 점령했던 메이드 인 재팬은 디지털 시대에 맥을 못 추었다. 디지털 시대에는 품질이 고급일 필요가 없기 때문이다. 중저가품 적당히 쓰다가 버리고 신제품 사는 시대가 도래한 탓에 비싼 일제는 부담스러워졌다. 시대환경을 안이하게 보았던 일본은 거의 2류로 밀리는 판국이었다. 하지만 있는 기술이 어디 가는 것은 아니다. 핸드폰과 컴퓨터 시장에서는 맥을 못 썼지만, 디지털 카메라 시장만큼은 일본이 장악했다. 과거 필름 카메라 시절의 절대고수였던 니콘 캐논 같은 회사들이 다시 등장하여 시장을 재패했다. 자동차 시장에서는 고급화까지 성공해서 렉서스는 벤츠나 BMW를 위협하고 있다. 하지만 우리의 정서상 일본은 그냥 일본일 뿐이다. 즉, 응용은 잘하나 근본이 약한 나라, 옹졸한 나라라는 인식이다. 정권이 바뀔 때마다 과거사 정리, 친일파 토지환수, 종군위안부, 독도 등의 주제로 우리의 주적은 북한이 아니라 일본이라는 주장이 나온다. 북한이 주적이냐는 논란에 대해서는 보수 진보가 나뉘지만, 일본 주적론에는 전 국민이 쉽게 단합한다.

한편, 다른 쪽에서는 무슨 일이 있었는가? 과거 운동권에서는 '자주'를 많이 외쳤다. 그러면서 우리의 자주를 해치는 주범으로 자연스럽게 미국을 가리켰다. 논리정연하게 미국을 비난하던 많은 운동권 스타들이 어이없게도 미국으로 유학을 떠났다가 돌아왔다. 호랑이를 잡으려고 일부로 호랑이굴로 들어간 것일까? 개인들 속사정이야 알 길이 없지만, 주축 운동권들의 사정이 이쯤 되니 비운동권 엘리트들은 말할 것도 없이 미국유학이다. 우리나라에서 엘리트는 반드시 미국을 거쳐와야 한다는 것이 '출세 방정식'이다. 그리고 그곳에서 어눌한 영어로 잠시 본 미국의 제한된 모습이 한국에 돌아온 그들의 잣대가 된다. 언론도 언제나 '미국 대비 몇 %'라는 단골 메뉴를 내보인다. 미국이 우리의 표준이다. 반미와 친미 중 어디가 더 옳은 가를 논하려는 것이 아니다. 미국에 의해 초토화된 베트남마저 미국과 교류하는 마당에 우리가 미국을 배척할 이유는 없다. 하지만 환경이 다른 미국을 무조건 베끼는 것은 합리적이지 않다.

세계를 지배하는 미국, 근본적 연구에 많은 돈을 투자하는 미국, 세계의 학문을 선도하는 미국은 강하고 멋있다. 그런데 우리가 그렇게 할 수 있는가? 인구 3억에 남한의 100배 되는 영토를 가진 나라, 석유

보유량 세계 최대인 에너지 부국, 세계 100대 대학의 절반 이상을 가진 풍부한 지적 인프라를 가진 나라의 정책이 우리에게 과연 적절한가? 우리나라가 미국만한 기초과학과 지적 인프라를 가지고 에너지도, 군사력도 세계 최강이면 정말 좋은 일이다. 그러나 그런 목표는 현실화 될 수 없다. 미국방식을 부추기는 엘리트들은 국민을 위하기보다 미국에 근거를 둔 자신의 입지강화를 위해서다. 미국식 정책이나 방식은 우리와 다른 환경에서 만들어졌다는 것을 최고의 엘리트들이 모르지는 않을 터이니 말이다.

이제 우리 경제도 커졌고 기술력도 늘어가는 마당에, 미국방식은 표준이고 일본방식은 식민잔재라는 논리를 극복해야 한다.

4.2 정보통신 최강자, 미국은 투병 중

미국은 제조업을 충분히 거친 후에 정보통신 사업으로 옮겨간 산업 구조를 가진다. 영국식민지 시대부터 농업으로 출발한 나라지만, 광활한 농토를 가졌으므로 일찍이 기계화를 서둘렀다. 미국이 공업화하려고 했던 처음 동기는 농장 기계화가 주목적이었다. 그러다가 유럽으로부터 이민자들이 들어오면서 미국 북동부에서 도시화가 급속하게 진행되었으며, 뉴욕과 시카고가 이리운하(Erie Canal, 1825년 완공, 약 600km)로 연결되고, 오하이오의 석유개발(1870~1900년경), 철도 건설(1869년 동서연결) 등으로 큰 도시들이 만들어지면서 본격적인 공업화가 진행된다. 미국은 1900년경에는 카네기(Carnegie)의 제철회사와 록펠러(Rockefeller)의 석유회사 그리고 모건(Morgan)의 금융회사가 결합하여 막강한 생산력과 자금을 가진 나라로 성장한다. 여기에 포드(Ford)의 자동차 대량생산 체계, 에디슨(Edison)의 전구, 벨(Bell)의 전화 등이 전부 미국에서 발명되었으며, 하와이 병합(1898년), 필리핀 식민지화(1898년)를 지나 1918년에 끝난 제1차 세계대전의 승전국이 된다. 자국 영토에서는 총 한방 안 쏜 전쟁이었으니 피해복구가 필요 없는 '알짜' 전쟁이었다. 이때부터 사실상 미국은 Made in USA로 세계 제1의 공업국가요 패권국가가 되었으며, 중간에 대공황을 잘 극복하고 제2차 세계대전이 끝난 후 서유럽 전체를 원조할 수 있는 국가가 되었다.

그러다가 1970년대에 들어오면서 패전국이던 독일과 일본의 제조업이 살아났고, 한국 대만 같은 신생독립국들이 저가 생산품을 찍어내기 시작하면서 탱크같이 튼튼하던 제조업에 석양이 드리워졌다. 세계 최대의 자동차 생산회사인 미국의 GM이 일본의 도요다에 밀려 벼랑 끝까지 몰리고 있는 것이다. 제조업은 70년대에 고용의 30%를 차지했지만, 지금은 겨우 10% 정도만 담당하고 있다. 반면 독일은 아직도 20% 정도의 제조업 고용을 유지하고 있다. 현재 미국의 서비스업은 전체 GDP의 80%를 차지하는데, 다른 선진국들은 대체로 70% 정도라고 한다. 미국에 사는 교민들도 이런 통계수치를 확실히 느낄 수 있다. 젊은 이들의 이공계 기피는 우리나라보다 오히려 더 심각하다. 거의 모든 엘리트들은 의과대학원 법과대학원 경영대학원으로 가려고 한다. 학부에서 생물이나 화학전공이 제법 인기가 있는데, 그 이유는 의과대학원으로 진학하려는 학생들 때문이다. 응용수학의 인기 역시 월스트리트 증권가로 진출하려는 학생들 때문이다.

미국의 경상수지 적자는 GDP의 40%를 넘어 50%를 향해 내리막을 달리고 있다. 미국인들이 반년동안 생산만 하고는 쓰지도 먹지도 않고 오직 빚 상환에만 올인 해야 갚을 수 있는 빚이라는 이야기다. 정부만 빚이 엄청난 것이 아니고, 각 가정당 부채비율도 아주 높다. 한마디로 현재 미국은 빚쟁이 나라다. 이러니 금융위기가 닥친 것은 너무나 자연스런 결과다. 그럼에도 미국은 건재해 보인다. 그 이유를 진단하는 학자들의 의견은 대체로 통일되어 있다. 큰 덩치로 버틴다는 것이다. 미국이 망하면 전 세계가 망할 것이기에 전 세계는 미국이 망하지 않도록 최선을 다한다는 것이다. 중국 일본 유럽 한국 등 미국에서 장사해서 돈을 번 나라들은 다시 미국에 투자하고 있다. 미국정부 국채를 사든지, 월가의 증권을 산다. 그리고 미국은 미국대로 강한 분야를 가지고 있다. 신약 개발에 1등일 뿐 아니라, 세계 모든 신약을 FDA가 강력하게 통제한다. 컴퓨터 기술을 독점하며, 지구촌 곳곳의 분쟁지역에 간섭하여 무기 장사로 재미도 본다. 거기에 금융을 조정하는 세계은행 역할을 하고 있다. 세계 지식창고요, 세계 경찰이며, 세계의 은행이라는 3관왕인 나라가 망할 리 없다.

제조업을 후발 국가들에게 물려주고는 특허료를 올리거나 특허기간을 연장하고, 말 안 듣는 나라들을 손보면서 정치와 경제를 주름잡는 미국의 산업구조를 한국이 따라갔을 때, 다시 말해서 제조업을 포기하고 서비스업으로 방향을 전환했을 때, 우리나라가 과연 미국처럼 생존할 수 있을 것인가? 불가능하다. IT를 비롯한 첨단산업에는 정치외교적 뒷받침이 중요하다. 쉬운 예로 황우석 교수가 연구하던 줄기세포 기술이 개발되어 실제 환자들에게까지 적용할 수 있는 단계의 기술을 확보했다고 해도, 우리가 그 기술로 돈을 왕창 벌어올 수 있을까? 우리가 통신체계에서 더 우수한 새로운 표준을 만들어도 다른 나라들이 기존 방법을 포기하고 우리를 따라올 것인가? 우리가 미국식 최첨단 방식의 산업을 할 역량도 모자라지만, 역량이 있다고 해도 실현불가다. 우리에게 가장 적합한 방식은 고부가가치의 부품을 생산하는 하청공장 역할이다.

꿈이 원대한 망상적 애국주의에 빠진 사람들은 우리가 중국과 맞장을 뜨고, 일본을 굴복시키는 등의 이야기를 아주 좋아한다. 그래서 우리의 역할은 큰 나라들의 고급 하청공장 노릇이 어울린다는 필자의 의견은 사대주의나 패배주의로 몰릴 것이다. 덩치는 작지만 발이 빠른 야구선수가 타석에서 쉬운 3루 쪽 땅볼 안타를 놔두고 홈런만 노리다가 번번이 플라이 볼로 아웃 당하는 꼴을 상상해보라. 누구나 자기 덩치에 맞는 스타일이 있다. 그리고 그 스타일대로 할 때 자신의 이익을 극대화할 수 있고, 견제도 피할 수 있다. 한국사회가 IT에서 재미를 보더니 제조업을 무시하는 경향을 노골적으로 보이고 있다. 굴뚝산업이라면 전근대적이고 환경보호에도 역행한다고 생각하여 젊은이들도 싫어한다. 하지만 '사슴이 사냥꾼의 총알을 피할 수 있게 해준 것은 화려한 뿔이 아니라, 자신의 연약한 다리 덕분이었다' 는 우화를 기억해야 한다. 우리도 역시 다리, 즉 제조업을 강하게 키워야 한다.

제조업이 강해야 하는 이유는 생존뿐만 아니라, 부의 분배가 좋아지기 때문이다. 복지는 유럽보다 뒤떨어지는데 산업구조는 벌써 서비스업으로 간 미국의 가장 큰 문제는 부의 불균형이다. 미국에서는 상대적 빈곤이라는 말이 없다. 부자와 가난한 사람은 만날 기회가 없기 때문이다. 다른 곳에 살고, 다른 가게에서 쇼핑하고, 애들은 다른 학교에 다닌다. 배터질 때까지 먹는 백인들은 굶어죽을 지경인 사람들과 인종도 다르고 사는 곳도 달라서 동정을 느낄 여지가 없다. 미국이 기부문화가 발달한 나라라고들 한다. 그러나 상식을 가진 사람이라면 한 번 생각해보라. 아무리 기부가 발달해도 자기 욕심을 채우려는 사람들이 많지, 나눠주려는 사람들이 많겠는가? 미국에서 부자들의 상속세를 폐지하려고 했더니 큰 부자들이 오히려 손사래를 친 적이 있다. 하지만 그들은 돈이 많은 사람들이므로 체면이 더 중요한 사람들이다. 2000년 미국 대통령 선거에서 민주당내 유력한 대선주자였던 브래들리 후보의 공약은 누진세를 폐지하고 일괄 10%의 소득세를 부과하자는 안을 들고 나왔다. 부자들과 회계사들의 반대에 부딪혔지만, 그의 조사에 의하면 현재 40%까지 이르는 소득세율대로 납부하는 부자들이 없어서 10% 일괄 세금이 세수를 오히려 증대시킨다는 것이다. 브레들리의 주장에 많은 미국인들은 공감하고 있다. 제조업이 사그라지면 자연스럽게 빈부격차가 커진다. 일자리는 줄어들고 소수의 전문직업인과 엘리트들이 소득을 독차지하기 때문이다. 하지만 서비스업과 달리 제조업은 성장과 분배라는 두 마리 토끼를 동시에 잡을 수 있게 해준다.

정보통신 지각생, 일본은 엄살 중

90년대 초까지 최고의 전성기를 누리던 일본경제는 부동산 버블붕괴와 함께 10년간 잠수했다. 1985년 '플라자 합의'라는 회의를 통해 일본은 서구의 압력을 받았고 엔화 가치를 두 배로 올려야만 했다. 엔고를 극복하려고 일본 정부가 수출을 격려하면서 저금리로 돈을 풀기 시작했다. 여유자금이 수출보다는 부동산 증권으로 몰렸다. 올라도 너무 오른 것 같은 부동산을 걱정하던 정부가 돈을 걷어 들이기 시작하자, 융자금을 못 갚게 된 사람들이 부동산을 내어놓으면서 버블이 터졌다. 이렇게 시작된 일본의 10년 동안의 슬럼프 기간에 우리는 IT에서 두각을 나타냈다. 급기야는 소니도 삼성을 배우겠다고 선언했고, 미국 시장에서 우리 전자제품이 일제보다 더 높은 가격을 붙여두는 시점에 이르렀다. 이렇게 일본은 최근 우리에게 왜소한 존재로 취급되었다.

세계인들의 손에 들린 것이 한국 브랜드 휴대전화이며, 세계인들이 눈으로 들여다보는 액정화면의 상당수가 한국 브랜드다. 노키아와 필립스를 따라잡는 것도 시간문제인 것 같다. 그런데, 그런데 말이다. 이렇게나 성공을 거두었는데도 젊은이들은 취직이 안 된다고 난리고, 국내 경제전망은 여전히 불안하기만 하다. 반면, 침체기를 거치며 그로기 상태인 줄 알았던 일본은 역사상 최고의 호황이란다. 그 집은 왜 잘되며, 우리는 뭐가 문제일까?

일본은 중국 특수로 인해 최고의 호황을 맞았다. 중국만큼은 아니지만, 우리가 보태준 것도 결코 적지 않다. 2001년과 2005년을 비교하면, 그동안 일본의 중국 수출액은 약 3배정도 증가했다고 한다. 같은 기간 일본의 한국에 대한 무역흑자도 72억 달러에서 227억으로 3배가량 늘었다. 그리고 일본은 '잃어버린 10년' 동안 몇 가지 다이어트를 강도 높게 했다. 부실채권을 정리하며 은행을 건강하게 돌려놓았고, 기업들은 과투자와 과고용을 정리하여 구조조정에 성공했다고 한다. 일본은 몸만들기로 뛸 준비를 마쳤을 때 중국 특수가 겹쳐 호황을 맞이하게 되었다.

우리나라와 중국의 경제가 좋을수록 일본은 더 많은 반사이익을 보는 구조를 가지고 있다. 중국과 한국의 고급제품에 일본 부품이 들어가기 때문이며, 그 제품 제조장치가 일제이기 때문이다. 그들은 기본기술을 가졌고, 우리는 기본기술 없이 외형 부풀리기, 브랜드 이미지 심기에 지나친 에너지를 소모한 결과다. 우리나라 휴대폰 수출의 부가가치 유발계수는 0.49(2003년 기준)라고 한다. 같은 연도의 우리나라 5대 주력상품 평균계수인 0.63에 훨씬 못 미치는 숫자다. 그리고 같은 해에 일본 수출품의 부가가치 계수는 무려 0.89에 이르고 있다. 부가가치 계수란 그 제품이 생산 판매되었을 때, 다른 산업에 미치는 영향을 숫자로 나타낸 것이다. 자국의 부품 기술 재료를 사용하여 만든 제품의 부가가치 계수는 높고, 수입해서 만든 제품은 부가가치 계수가 줄어들게 된다. 휴대전화 부가가치 유발계수가 0.5라는 말은 휴대전화 하나 생산하여 번 돈의 절반을 외국에 줬다는 말이다.

2006년, 삼성전자가 차지하던 세계 휴대폰 시장의 점유율은 12% 정도다. 노키아와 모터롤라에 이어 3위다. 이렇게 엄청난 업적을 달성했지만, 이익률은 판매액의 30%이던 것이 10%로 줄었다. 이제는 휴대폰이 특별한 고급품이 아니라 일용잡화 수준으로 전락했기 때문이다. 부품 개발률은 낮은데 가격이 하락하니 이윤폭이 작아질 수밖에 없다. 기계기술과 결합되지 않은 전자제품은 언제나 시간과 함께 급속한 가격하락을 동반한다. IT 신제품은 빨리 만들어서 시장을 먼저 한 번 훑는 '치고 빠지기' 전략이 절대적으로 중요하다. 남들이 쉽게 모방할 수 있기 때문이다. 그래서 전자산업 위주의 국가나 기업은 화려해보이지만 생존이 피곤하다. 하지만 일본은 일찍부터 기계기술도 발전시켰으므로 전자제품에 기계기술을 탑재한 디지털 카메라, 의료기기, 자동차 산업에서도 절대강자다. 요즈음 융합기술이라는 말이 나오고 있는데, 전자와 기계기술이 조합된 융합 기술을 일본은 이미 한 세기 이상 노력하여 달성한 나라다.

부동산 버블로 인해 10년 이상 임금이 오르지 않았으니 많은 일본 기업들이 다시 제조공장을 일본 국내로 돌렸다고 한다. '잃어버린 10년' 후에 그들이 다시 도약하는 이유는 아주 간단하다. 전자 기계 재료 할 것 없이 기본 기술을 골고루 갖췄기 때문이다. 소프트웨어란 컴퓨터 프로그램을 짜는 기술만이 아니라, 이런 총체적 노하우다. 제2차 세계대전 패망으로, 그것도 원자탄을 두 개나 맞고도 그들은 불과 30년 만에 메이드 인 재팬으로 세계를 평정했다. IT 시대를 모르고 제조업 강세만 믿고 자만하던 일본, 은행과 부동산 등 부실한 사회 시스템으로 잠깐 휘청거렸지만 그들은 다시 세계 시장을 주무르고 있다. 20세기 초 이래 사실 일본이 약했던 적은 없었다. 우리가 잘나갔고 일본은 헤매던 90년대에 우리가 그들의 존재를 상당시간 무시했을 뿐이다. '아는 만큼 보인다'는 말처럼 우리가 일본을 잘 알려고 하지 않았기 때문에 그들이 작아 보였던 것이다.

경제적 정치적으로 일본은 우리에게 중요한 나라다. 사이가 안 좋기에 더욱 중요하다. 10명의 친구에게 얻는 든든함 보다 1명의 원수에게 느끼는 위협이 더 크기 때문이다. 식민역사가 지나간 지도 꽤 시간이 흘렀지만 여전히 일본과의 관계는 멀기만 하다. 그들은 사죄에 인색하고 정기적으로 독도를 거론하며, 우리 또한 잊을만하면 과거사를 다시 꺼내서 정치적으로 이용한다. 여태껏 포항제철과 현대자동차 삼성전자가 모두 일본으로부터 기술을 배웠지만 우리는 아직도 일본의 기술과 문화와 제도를 식민잔재로 인식하고 있다. 하지만 문화가 비슷하고 우리처럼 자원과 에너지가 모자란 비슷한 처지의 일본을 통해 아직도 배워야 할 것이 많다. 특히 언어 배우기가 쉽다는 것도 큰 장점이다. 아직도 일본이 우리의 벤치마킹 대상일 이유가 너무 많다. 그래서 학교에서는 영어와 일어를 기본 외국어로 정하자고 주장하고 싶다. 조금만 노력하면 거의 원어민 수준으로 될 수 있는 일어를 먼저 배운 다음, 중국어 불어 독일어로 가야 할 것 같다.

4.4 유럽의 코드는 디지털이 아닌 문화와 예술

한국은행 통계에 따르면 2006년도 기준으로 무역수지는 상품수지 흑자액이 300억 달러인 반면, 서비스 수지 적자액은 200억 달러에 이른다고 한다. 상품수지 흑자에 대비한 서비스 적자폭은 2000년 17%, 2001년 29%, 2003년 56%로 커지다가 2006년에 이르러서는 70% 까지 왔다. 서비스 적자는 대부분 해외여행과 유학경비가 차지하고 있는데 그 내부를 들여다보면 유학 및 연수 적자가 50달러, 여행수지 적자가 120억 달러 정도다. 위의 통계는 우리가 생산하여 번 돈의 70% 정도를 유학과 여행 등으로 썼다는 이야기를 들려준다.

서비스 적자 중에서도 특히 적자가 큰 여행업에 대하여 알아보자.

여행에 따른 2005년 외국 여러 나라의 통계를 보면 미국의 여행수지 흑자가 750억 불, 스페인이 450억 불, 프랑스가 400억 불, 이탈리아 360억 불, 독일과 영국이 280억 불, 중국이 260억 불 순이다. 유럽제국의 흑자를 다 더한 숫자는 무려 2천억 불에 이른다. 관광업은 재료비가 따로 들거나 반품을 해줘야 하는 일이 없기 때문에, 순이익 면에서 무역보다 최소한 두 배가 넘는 장사라고 볼 수 있다. 프랑스의 경우, 한 해 방문하는 관광객은 7천5백만 명에 이른다. 프랑스 총 인구수와 비슷한 여행객들이 매년 프랑스를 방문하는 것이다. 현재 방문 관광객 숫자 랭킹은 프랑스 스페인 미국 이탈리아 중국 영국 순이다. 또한 유럽은 관광만 있는 것이 아니다. 프랑스와 이태리가 생산하는 와인, 옷, 화장품, 가방 등의 매출도 엄청난 수준이다. 우리가 IT만이 살 길이라고 개미처럼 열심히 일할 때, 베짱이처럼 나무위에서 노래나 부르는 유럽제국들은 동화 그대로라면 추운 겨울에 오갈 데 없어 바들바들 떠는 신세여야 한다. 하지만 유로화의 강세는 오히려 고공행진 중이다.

그들의 코드는 디지털이 아니다. 그들은 문화와 예술이라는 배고픈 분야를 잘 소화하고 발전시켜 이제는 땅 짚고 헤엄치기를 하고 있는 것이다. 하지만 그들이 사치산업이나 관광에만 강한 것은 아니다. 독일과 스위스는 최고의 제조업 기술을 가지고 있고, 프랑스와 영국은 항공산업과 군수산업에 강하다. 스페인과 프랑스를 중심으로 한 농업도 만만찮다. IT 기술 아니면 도태될 것 같은 21세기에도 여전히 유럽은 건재하다. 아시아 후발주자들이 쫓아오는 방향에서 빗나가 있기에 여유마저 있는 산업구조다.

유럽의 가장 큰 문제는 높은 실업률이다. 미국은 실업률이 5%를 넘지 않는다. 그리고 파트타임 직업도 많아서 사실상 거의 완전고용을 실현하고 있지만, 서유럽 국가들은 10% 내외의 높은 실업률 부담을 지고 있다. 미국은 활발하고 에너지가 넘치는 젊은이라면, 유럽은 거동이 불편한 노인처럼 보인다. 하지만 그렇게 간단하게 판단할 문제가 아니다. 우선 실업률 통계에 문제가 있다. 사회보장제도가 발달한 유럽만이 사실상 믿을만한 실업률 자료를 가지고 있다. 유럽의 실업률 조사는 아래와 같이 행해진다. 일하고 싶은 사람들은 노동청에 서류를 접수시킨다. 서류처리를 기다리는 동안 국가가 기초 생계비를 지불하며, 취직 되고나면 기초 생계비 지급은 중단된다. 또 실업자가 된다면 해당 노동자는 즉시 노동청에 연락한다. 미국도 비슷한 제도가 있다. 하지만 영주권이 없거나 제도를 모르는 이민자들은 어디에 서류를 접수시켜야 하는지도 모르고, 접수해봐야 기초생계비 액수도 적고 기간도 짧다. 차라리 아무 곳에서나 막일 하는 것이 더 속 편하다. 한국에서 만약 이런 제도를 당장 실시했다고 가정해보자. 남녀 가릴 것 없이 18세 이상 60세 이하의 실업자들은 등록만 하면 일자리를 찾는 동안 국가가 기초생계비를 지급하는 구조 아래에서 실업률을 집계한다고 상상해보라. 실업률은 얼마나 될까? 모르긴 해도 30%는 넘을 것 같다. 마땅한 일자리가 없어서 살림만 하는 주부들까지 실업자로 계산되기 때문이다. 그러므로 유럽을 막연히 실업률 높은 나라들이라고 볼 것만은 아니다.

필자는 1998년 프랑스에서 유학을 마친 후 미국으로 떠났다가, 2007년에 다시 프랑스로 돌아왔다. 다시 돌아온 프랑스는 많이 변했고 또 여전하기도 하다. 놀라운 것은 IT 시대에도 유럽은 그들의 문화적 잣대를 여전히 지니고 있으며, 새로운 조류에 동요하기보다는 도구화할 수 있는 평온함이 느껴진다는 것이다. 이것은 수많은 교류와 전쟁의 역사에서 얻어진 그들 나름의 삶의 철학이 아닌가 여겨진다. 기계화 시대, 전자화 시대에도 여전히 인간이 주축이고, 기계는 인간을 위한 도구라는 평범한 진리를 그들은 실현해가면서 사는 것이다. 변화를 수용하면서도 흔들감 없이 평온함을 누릴 줄 아는 그들의 성숙이 유로화의 고공행진보다 더 부럽다.

남의 옷을 입으려면 체형이 비슷해야

우리나라 언론은 무슨 문제가 생겨 외국과 비교할 때, 주로 미국을 대상으로 비교하는 방식을 많이 택하고 있다. 유학 갔다 온 사람도 많고, 현지에 살고 있는 동포들도 많고 여행 다녀 온 사람들, 조기 유학생들 등 미국 자료 통로가 널려 있다. 거기에다가 미국이 표준이요, 바이블이라는 인식도 한 몫 한다. 못하는 영어지만 대부분의 사람들에게 그나마 가장 편한 알파벳 언어도 영어다. 이래서 미국지표는 당연히 등장한다. 하지만 쉽게 비교가능한 객관적 경제지표뿐만 아니라 자살률, 정신병원 치료율, 교통사고 사망률, 속도위반 처벌기준 등 문화적 제도적 차이를 생각하면 도저히 비교할 수 없는 지표들까지 마구 동원되고 있다. 미국에서 운전하다 사람을 치어죽였다면 어떻게 될까? 굉

장히 이상하게도 순수한 과실로 판명나면 구속되지 않는다. 기계의 작동을 완전히 실수 없이 하기는 어렵다는 점을 받아들인다. 그래서 자동차 사고에 상당히 관대하다. 하지만 사고를 줄이는 예방조치는 엄격하다. 속도위반, 음주 운전 등 잘못된 운전습관에 대한 처벌을 심하게 하는 것이다. 이런 배경 이해 없이 과실 치사자를 불구속한다고 미국법은 물러 터졌다고 말한다면 우스운 이야기다.

반면 일본 지표 역시도 많은 당위성과 편의성을 가진다. 우선 문화적으로 유사한 면이 많다. 생긴 외관이 거의 구별이 안 될 정도로 인종적으로도 유사하다. 일어는 전혀 몰라도 한자를 아는 사람들이라면 대충 읽어서 끼워 맞추기도 가능하다. 아직도 남아 있는 많은 재일교포들도 좋은 정보 통로다. 거리가 가까워서 취재도 용이하다. 그리고 모든 면에서 일본만은 앞서야 한다는 의식을 자극하면 쉽게 장사가 된다. 한일전 축구 응원은 독립운동과 연결되는 식이다. 하지만 자세히 따지고 보면 일본도 역시 우리와 상당히 다르다. 우선 사람들이 우리보다 훨씬 집체적이다. 우리나라 사람들은 개인적으로 당당하고, 수틀리면 돌출 행동도 마다 않는다. 언어습관도 일본사람들보다 훨씬 직선적이다. 우리는 지도자에게 순응하기보다는 내가 나서야 한다고 생각한다. 일본은 철저하게 제조공정이 정해진 라인형 제조업이 적격이다. 하지만 우리나라 사람들은 그렇게 따분한 라인형 대량생산 공장에서 일하는 것을 좋아하지 않는다. 반면 우리는 속도에 강하다. 시간 질질 끌어가며 100%까지 완벽하게 만드는 것보다 90% 정도 품질로 빨리 만드는데 강하다.

미국은 홈런형 타자라고 할 수 있다. 많은 부분에서 연구하고 결과가 한군데에서만 나오면 된다. 삼진을 수 없이 당해도 가끔 홈런만 때려주면 되는 구조다. 워낙 돈과 자원이 많으니 실패 부담이 적기 때문이다. 하지만 일본은 안타형 타자다. 철저히 연구된 정연한 동작으로 착실히 안타를 때려내는 타자다. 우리는 체형으로 보면 미국 같은 홈런형 타자가 아니고 일본과 유사한 안타형 타자다. 하지만 성격으로 보면 코치가 시키는 대로 안타만 치기에는 지루해 하는 타자다. 코치 사인이 없었지만 분위기 봐서 갑작스럽게 번트를 대는 돌발형 타자이고 싶어 한다. 그래서 빠른 발로 1루를 단숨에 훔칠 수 있는 재치형 타자다.

미국도 일본도 우리와 일치하는 문화나 산업구조는 아닌 것처럼, 우리가 통째로 카피해올 만큼 동일한 사회는 지구상에 존재하지 않는다. 방법은 훨씬 더 많은 나라들을 연구하고 조사하는 모자이크 구조로 가야 한다. 과거에는 실력도, 시간도 없을 때여서 무조건 전진하고 봤다. 하지만 지금은 질적 수준 없이 속도전으로만 나가기에는 상당히 큰 경제를 가졌다는 점에 유의해야 한다. 이제 눈을 좀 더 넓게 열어야 한다. 우리 사회의 고질병인 부동산 해결을 위해 싱가포르의 주택정책을 살펴볼 수 있다. 별 뚜렷한 효자상품이나 눈에 띄는 대기업이 없는데도 늘 잘 사는 대만의 중소기업 성공사례도 눈여겨봐야 한다. 우리처럼 큰 강국들과 강한 섬나라 사이에 끼어서 역사적으로 파란만장한 고초를 겪은 네덜란드도 배울만한 국가다. 좀도둑만 많은 것 같은 이태리가 버젓이 G7 국가에 들며, 대부분의 자동차 디자인이 이루어지는 예술과 기술의 조합도 좋은 소재다. 자유진영에서 미국에 반대할 수 있는 거의 유일한 국가 프랑스의 외교기술과 국방기술도 유익할 것이다. 남미의 다른 나라를 다 더한 것보다 인구가 많은 브라질에 우리 국민들을 더 많이 이주시킬 가능성과 시장을 연구해 보는 것도 실익이 커 보인다. 자원 수입국가로는 열대림의 나라 인도네시아도 적격이다. 중국 인도 미국에 이어 인구가 4위인 국가이니 잠재적 시장가치도 엄청나다. 이외에도 룩셈부르크의 금융업, 핀란드의 IT 기술도 연구해볼 과제다. 더욱이 핀란드는 철의 장막시대부터 소련과 국경을 맞대고도 좋은 관계를 유지했던 약소국 외교의 달인이다.

문제는 한국 사회가 더 급속히 다양성을 잃어가며 미국 일변도로 가고 있다는 점이다. 각 국가별 전문 인력이 제법 양성되는 듯했지만, 미소 양극화가 무너진 후에는 모든 것이 미국으로만 쏠려버렸다. 다양화가 얼마나 강한 나라를 만들며 풍부한 문화국가를 만드는지 따로 설명할 필요는 없겠고, 문제 해결의 열쇠는 소수 연구자들의 소외와 현실적 손해를 어떻게 보상하느냐 하는 것이다. 이런 문제에 국가가 나서서 보상해주려고 하지 않으면 미국 중국을 제외한 다른 나라와 다른 언어들을 연구하는 사람들은 계속 줄어들 수밖에 없다. 기업은 먼 장래보다 당면한 이익에 더 관심을 두기에 기업들에게 이 짐을 넘기기도 어렵다. 그러므로 국가가 벤치마킹의 다원화에 좀 더 많은 인센티브를 주어야 할 시점이다.

70년대에는 국가 규모가 작지만 알뜰한 네덜란드 덴마크 스위스 같은 나라를 배우자는 운동이 많았었다. 그들도 한국처럼 부존자원이 많지 않고 강대국들 사이에 끼어 있다는 어려움을 잘 극복하고 선진화되었다는 것이다. 그래서 교과서에서도 이들 나라의 성공담과 포기하지 않는 불굴의 끈기가 많이 소개되었었다. 덴마크의 방풍림 조성과 낙농화, 네덜란드의 제방 구멍을 막은 소년 이야기들 말이다. (이 이야기를 아는 네덜란드 사람은 아직 못 만나보았다. 네덜란드의 제방은 손가락으로 막을 수 있는 얇은 벽이 아니라 대부분 위로 차가 다니거나 산책로가 있는 넓은 언덕이었다.) 그 후 시간이 지나 90년대로 접어들면서 세계화라는 물결 속에서 영어와 미국방식이 표준처럼 인식되었고, 미국의 덩치에 밀려 유럽소국들의 이야기는 사라졌다. 세계화라는 물결을 따라만 간다고 생존과 번영이 보장되는 것이 아니다. 세계화가 진행될수록 더욱 더 차별화된 기술과 정책이 필요하다. 우리와 비슷한 운명을 거쳐 온 유럽 강소국들을 통해 이런 지혜들을 배우자.

IT 산업 vs 제조업

이 장에서는 지구상 국가들의 산업구조들을 소개했고, 제조업과 정보통신업이 기술적으로 어떻게 다른 산업인지, 그리고 사회에 미치는 영향은 어떻게 다른지를 논해보았다. 많은 노동력이 필요한 제조업과 소수의 천재들만으로도 가능한 정보통신업은 사회에 미치는 영향이 아주 다르게 나타난다.

5.1 다섯 종류의 산업

IT가 가벼운 신호를 전송하는 산업이라면, 제조업은 무거운 질량체를 운반하거나 가공하는 산업이다. IT는 제조업과 전혀 다르다고 생각하는 사람들이 대부분이지만 우리나라 IT는 상당히 제조업에 가깝다. 우리가 통신기술이나 컴퓨터 프로그램 등의 소프트웨어를 팔아먹는 것이 아니라, 휴대전화기와 LCD, 반도체 등의 물건(하드웨어)을 만들어서 수출하는 나라이기 때문이다. IT 부품이나 생산 장비를 만드는 것은 제조업이다.

이번 장의 논지를 시작하기 전에 세계의 여러 나라들은 각각 어떻게 먹고 사는지 산업구조를 분류해보자. 지구촌 나라들의 산업형태는 크게 다섯 가지로 나눌 수 있다. 원료산업 기계산업(제조업) 전자산업(IT 포함) 문화산업 정치산업이다.

- 제1단계 : 원료산업
- 제2단계 : 기계산업
- 제3단계 : 전자산업
- 제4단계 : 문화산업
- 제5단계 : 정치산업

한 국가가 완전히 하나의 산업형태만 가진 것은 아니고 대부분 하나를 전공으로 하고 다른 하나를 부전공으로 한다. 아랍의 산유국이나 인도네시아 브라질 같은 나라들처럼 자기 나라에 나는 원유, 목재, 곡물을 생산하여 먹고 사는 나라들은 원료산업 위주의 국가다. 지금의 최정상 선진국들도 원료산업을 지나온 역사를 가지고 있다. 원료산업을 제외한 나머지 네 가지 중 하나로 분류 가능한 국가들을 우리는 산업화된 국가라고 부른다. 위의 다섯 가지 분류에서 기계 전자산업에 머무르는 국가는 아직도 제조업 단계에 머물러 있는 국가들이다. 제3단계인 전자산업이 4단계인 문화산업으로 넘어가는 과정에 정보화 사회가 있다. 예를 들면, 일본이 전자제품(기계, 전자)을 생산하다가 이제 닌텐도 같은 게임산업으로까지 간 것은 일본이 정보화 사회로 진입하고 있다는 증거다.

제조업 시대를 이미 거쳤고, 정보화 시대의 인프라를 기반으로 정보화 사회를 구축한 나라들은 문화와 정치산업을 기본으로 하는 서비스(법률 건강 정보 금융)업 단계에 와 있는 나라들이다. 제조업에서 정보산업 그리고 서비스업으로 가는 것이 일반적인 흐름이다. 하지만 Sein(그렇게 가고 있는 것)이지 Sollen(그렇게 가야 하는 것)은 아니다. 그러므로 준비도 부족한데 이런 전환을 빨리 이루도록 재촉할 필요는 없다. 우리 사회는 하루 빨리 제조업 사회에서 정보화 사회로 진입하려고 안간 힘을 써왔다. 그것은 토플러의 예측을 현상적 예측이 아닌 당위적 명령으로 착각한 사람들의 성급함 때문이다.

처음에 거론한 원료산업 이야기는 제외하고 나머지 네 개 산업에서 정치산업부터 보자. 정치산업이란 막강한 군사력과 영향력으로 먹고 사는 산업구조를 말한다. 미국 러시아가 대표적이고, 영국 프랑스 중국도 부분적으로 여기에 속한다. 반면 동일한 선진국이지만, 제2차 세계대전 패전국인 일본과 독일은 이들 축에 끼기 어렵다. 이 산업의 주요 특징은 무기 수출을 많이 하고, 분쟁을 중재하며, 막강한 자국의 언어 파워로 교육 학술시장에서도 재미를 본다는 것이다. 여기에 그치지 않고, 자기들 방식이나 법률이 세계표준이 되게 유도한다. 미국의 FDA(식약청) 같은 것이 대표적이다. 2006년 현재 세계제약 시장의 규모는 7천억 불 정도라고 한다. 우리나라의 2006년 수출총액은 약 3천억 불이었으니 제약시장은 우리나라 수출총액의 두 배가 넘는 규모다. 순이익을 기준으로 한다면 아마 우리나라 수출시장의 10배 정도에 이르는 알짜배기 시장임에 틀림없다. 우리나라 수출시장의 순이익은 매출액의 10%를 넘지 못하고 있다. 반면 제약산업은 초기 연구개발비가 빠지고 나면 거의 90% 이상이 남는 장사다. 이 덩치 큰 제약산업에서 세계 모든 나라들은 미국식약청의 표준을 따르고 있다. 신약 허가권은 WHO(세계보건기구)가 아니라 미국 식약청이 사실상 통제하고 있다. 영국도 그들의 가장 중요한 산업은 금융과 영어시장이다. 프랑스 역시 과거 식민지들과의 관계를 통해 얻는 이익이 엄청나다. 과거에 식민지를 많이 거느렸던 제국들은 이민문제가 항상 골치다. 과거의 업보 때문에 이민 봉쇄는 사실상 불가하다. 이민은 실업문제 뿐만 아니라 문화적 통합을 이루기도 어려워 사회분열, 경제 계층화 등의 심각한 문제를 만든다. 하지만 자국민이든 이민자든 열심히 일하는 사람들에게는 더 많은 기회가 주어진다는 장점도 가지고 있다. 자국국민들의 나태함을 방지할 수 있고, 이민자들을 통해 수준도 높고 동기부여가 확실한 값싼 노동력을 쉽게 얻을 수 있다.

문화산업이란 자신들의 문화를 산업에 적극적으로 응용한 산업구조다. 대표적인 나라가 유럽제국이다. 어느 나라나 자기들만의 독특하고 가치 있는 문화를 가지고 있지만, 유럽은 산업혁명이 일어난 곳이기 때문에 그들의 문화가 산업과 어울린 역사가 절대적으로 길다. 유럽인들이 기술을 수출하면서 문화까지 수출하여 지구촌 구석구석까지 그들의 문화가 스며 있다. 이들은 수준 높은 디자인으로 유행과 관광산업을 주도한다. 예쁘게 꾸며진 별 것 아닌 이야기들을 찾아 관광객들은 유명 미술가 음악가가 태어난 집을 찾아다니고, 포도주나 위스키 치즈에 돈을 뿌려준다. 정치산업이 다른 나라를 윽박지르거나 압도해서 먹고 사는 산업이라면, 문화산업은 남들의 지갑이 저절로 열리게 만드는 산업이다. 최고의 사치품들은 마케팅을 많이 하지 않아도 돈 많은 사람들이 알고 찾아온다. 그런데 명품 브랜드를 지배하는 유럽은 실업이 문제다. 소수의 감각 있고 능력 있는 사람들이 산업을 선도하기 때문에 일반 국민들의 산업 기여도는 높지 않기 때문이다. 하지만 분배가 잘 실현되어 절대빈곤계층 인구는 많지 않다.

전자산업에 대해 논해보자. 전자산업을 중심으로 하는 대표적인 국가가 일본이고, 그 뒤를 대만과 한국이 따르고 있다. 물론 전자기술의 종주국은 미국이며, 발전 단계에서 독일도 많이 기여했다. 미국회사 AT&T, IBM, 독일회사 지멘스(Siemens)가 오늘날의 전자산업을 만든 빅3다. 그런데 엉뚱하게도 일본이 이들 국가의 기술을 이어받아 전자산업의 황제가 되었다. 월남전에서 뿌린 소니 라디오와 전설의 워크맨으로 정상에 올랐고, 동경의 전자상가 아키아바라는 전자산업의 중심지가 되었다. 미국은 물론 유럽 강국인 독일 영국 프랑스가 핵심 전자기술이 없는 것은 아니다. 하지만 일반 가정에까지 침투하는 재능을 보이지는 못했다. 전자상품이 일반가정이나 개인의 주머니에까지 들어오려면 가격 편의성 무게 크기 등의 벽을 넘어야 한다. 이런 부분에서 일본은 경박단소(가볍고 얇고 짧고 작게)한 제품을 만드는데 천부적인 소질을 보였다. 이렇게 세계를 제패하던 일본 경제는 부동산 버블이

터지면서 1990년대 '잃어버린 10년' 동안 어려움을 겪었었다. 공교롭게도 이 기간은 일본이 간과했던 컴퓨터와 통신의 시대였다.

전자산업이 가전중심에서 정보통신기기로 바뀌는 전환기에 방심했던 일본은 '잃어버린 10년' 동안 정신을 못 차렸다. 하지만 그 후 진용을 재정비하여 IT시장에 컴백했다. 디지털 카메라와 노트북 컴퓨터라는 쌍권총을 들고 말이다. 디지털 카메라는 처음 등장하여 정착되기까지 복잡한 과정을 거쳤지만 결과적으로 렌즈는 변화가 없고, 단지 플라스틱 필름이 메모리칩으로 바뀌었을 뿐이다. 필름 제조자인 미국의 코닥사는 엄청난 타격을 입었지만, 기계를 만들던 일본의 카메라 회사들은 다시 부활했다. 니콘은 의료기기로까지 업종영역을 대폭 넓혔으며, 과거 니콘에게 밀렸던 캐논은 디지털 카메라 시장의 최강자 자리를 차지하여, 결국 디지털 카메라 시장은 그들만의 잔치다. 노트북 컴퓨터(미국에서는 무릎 위에 올려놓고 사용한다는 의미로 Lap-Top이라고 한다)는 도시바에서 처음으로 개발하였다. 지금은 미국의 Dell, HP와 일본의 소니까지 가세하여 만만찮은 시장이지만, 도시바 노트북은 여전히 일본 IT의 자존심이다. 일본의 강점 '경박단소'를 다시 한 번 제품에 적용한 성과다.

특이한 전자산업 형태는 대만이다. 대만은 일본과 다르게 완제품보다는 부품을 시장에 많이 내어놓았다. 특히 컴퓨터 기판(Mother Board)은 거의 전 세계 기판이 대만에서 만들어진 것이라고 말할 수 있을 정도로 싹쓸이하고 있다. 하지만 눈에 보이는 완제품 메이드 인 타이완(Made In Taiwan)은 흔치 않다. 철저히 중소기업 위주로 부품생산에 주력한 결과 전자산업이 가전에서 IT로 넘어오는 시기에도 대만은 건재했다. 홍콩반환과 함께 대만도 대륙에 흡수되는 것 아니냐는 염려도 그들의 경제를 위협하지 못했다. 이제 중국대륙도 '한 개의 중국' 이라는 정치적 명분은 잠시 접어두고 메이드 인 차이완(Made in Chiwan : China+Taiwan : 대만의 기술력과 중국의 노동력을 결합한 제품)을 구상하는 모양이다.

대만의 특이한 전자산업 구조는 중소기업 위주의 부품생산이라는 것 말고도 한 가지가 더 있다. 우리보다 일찍 1895년에 일본의 식민지가 된 대만은 일본에 대한 반감을 크게 가지고 있지 않다고 한다. 필자는 여러 명의 대만 출신 미국인들에게 "당신들은 일본에 반감을 가지고 있지 않냐?"는 질문을 해보았고 그때마다 "그렇다"는 대답을 들었다. 이유는 중국본토가 자기들에게 더 가혹했기 때문이란다. 이런 연유로 대만은 일본과 경쟁관계라기 보다는 오히려 협력관계를 유지하며 전자산업을 발전시켜왔다. 일본은 상표를 붙이고 자기들은 부품을 공급하는 방식의 협력관계는 상당히 돈독하다. 그러므로 아시아에서 전자산업 선두그룹은 대만 · 일본 연합군이고 후발주자는 중국 본토이며, 우리는 그 사이에 끼어 있는 형국이다. 개성공단이 잘 운영된다면 우리도 남북한 '통일 연합군' 을 형성할 수 있을 것인데, 아직은 여러 가지 문제가 해결되지 않고 있다.

기계산업으로 넘어가 보자. 산업혁명이후 기계기술은 영국에서 유럽대륙으로 넘어와서 독일에서 꽃을 피우기 시작했다. 사람들의 관심이 철도에서 자동차로 넘어왔고, 좁은 섬 영국보다는 넓은 유럽대륙의 시장이 더 컸기 때문일 것이다. 기계공업이 곧 자동차 산업을 의미하는 것은 어제 오늘의 일이 아니다. 독일이 개발한 자동차는 신대륙 미국으로 건너왔고, 20세기 초 포드의 대량생산체계로 자동차 가격이 떨어지면서 자동차는 일반 대중에게 쉽게 다가설 수 있는 제품이 되었다. 1960년대부터는 일본이 끼어들면서 자동차 시장은 3파전이 된다. 자세히 내부를 들여다보면 독일은 보합세, 미국은 내리막 길, 일본은 상승세다.

자동차 산업의 특징은 신흥공업국들의 약진이 전자산업에 비해 상당히 더디다는 점이다. 삼성전자가 소니나 필립스를 위협하는 정도의 펀치를 현대자동차는 아직 도요타나 BMW에게 날리지는 못한다는 말이다. 기계기술은 향상에 시간이 많이 걸리므로 전자기술보다 훨씬 따라잡기 힘들지만 일단 올라서면 훨씬 안정된 시장권력을 누릴 수 있다.

기술 차이 : 제조업과 IT 산업은 어떻게 다른가?

5.2.1 제조업은 거북이, IT는 토끼

20세기 초 미국의 포드가 컨베이어벨트를 이용한 자동차의 대량생산체계를 만들면서 제조업 제품들이 쏟아져 나오기 시작했다. 그 후에 프레스 공정, 용접 공정들이 자동화되어 제조라인 속도는 더 빨라졌다. 이렇게 제조상품들이 생산라인을 따라 쏟아진다고 하여도 IT의 소프트웨어에 비하면 그 생산속도는 거북이 걸음이다. IT 소프트웨어는 일단 완성 되고나면 수천 페이지 분량의 프로그램은 불과 몇 초 만에 복사되고, 또 몇 초 만에 지구 반대편으로 전송된다. 프로그램은 카피가 쉽고, 디지털 제품은 모방이 쉽다. 동일 부품들을 사서 조립하면 누가 조립하든지 동일한 품질이 나오는 것이 IT 제품이다. 기계제품과 비교해본다면 이 차이는 아주 분명한데, 자동차 전문제작회사가 BMW 부품을 다 사다가 조립해도 동일 품질이 나오지는 않는다. 자동차는 조립과정을 통해서도 품질이 많이 달라지기 때문이다. 그래서 소비자를 속일만한 수준의 BMW 짝퉁을 만들려고 시도하다가는 진짜를 사는 것보다 돈이 더 들지 모른다. 그러나 짝퉁 IT 기기는 거의 클론수준의 동일한 품질을 가진다.

한 번 만들어 놓으면 클로닝(똑같이 복사하는 것)이 아주 쉽다는 점은 IT의 중요한 특징이다. 프로그램 같은 무형의 제품을 제 값 주고 산다는 것에 쉽게 공감하지 않는 한국에서는 프로그램 개발자, 폰트 개발자, 음악 CD 제작자 같은 사람들이 노력만큼 보상받기 어렵다. 재미있는 현상은 미국에서는 누가 프로그램을 하나 샀으면 조용히 자기만 사용할 뿐 동네방네 불고 다니지 않는다는 점이다. 설령 남이 샀다는 것을 알게 되어도 카피하게 빌려달라는 요구를 하지 않는다. 하지만 동료의식이 남다른 우리나라에서는 부탁하지도 않은 친구에게 카피본을 제공하는 사람들이 있다. 문화가 이러니 미국에서는 소프트웨어 분야의 사업환경이 좋은 편이다. 그렇다고 우리 정서와 문화를 미국식으로 다 바꿀 수는 없는 일이다. 방법은 오리지널 프로그램과 CD의 가격을 확 낮추는 길 밖에 없어 보인다. 그리고 덤으로 메뉴얼이나 CD 속 노래들의 가사집을 잘 편집해서 제공하면 구입자와 카피자의 차별이 생기므로 카피보호가 한층 쉬울 것이다. 가격 낮추라는 제안을 반박하고 싶은 관계자들이 있겠지만, 제 가격 다 주고 사는 정직한 사람들 주머니만 노리는 것도 비겁한 짓이다.

모방이 쉬운 IT 산업의 속성상 후발주자들이 금방 경쟁자로 성장해 버리기 때문에 IT 시장에서 누릴 수 있는 권력의 임기는 극히 짧다. 하지만 고급기술로 무장한 제조업은 장기집권이 가능하다. 가장 단적인 예는 전자산업에 집중했던 일본과 기계산업의 최강자 독일을 들 수 있다. 70년대 소니는 우리에게 도저히 오를 수 없는 거대한 산이었다. 그러나 지금은 소니가 오히려 삼성이나 LG에게 밀리는 지경까지 왔다. 그나마 자동차와 기계장치와 렌즈의 중요성이 그대로 남아있는 디지털 카메라 덕분에 일본경제가 지탱되었다. 반면 기계류가 주력상품인 독일은 통일이라는 버거운 일을 해냈음에도 불구하고 건재하다. 아직도 세계인들이 돈 벌면 가장 사고 싶은 차는 벤츠나 BMW일 정도로 차별화된 품질과 이미지를 유지하고 있는 것이다. 현재 우리나라는 IT에서 일본을 따라잡은 승리감에 도취해 있지만, 쫓아오는 중국을 생각하면 여유 부릴 형편도 아니다. 프랑스처럼 문화 · 관광 · 사치산업에 주력할 처지가 아니라면, 독일 · 스위스처럼 고급 제조업에서 확실한 우위를 지니는 것이 가장 안전한 생존비결이라는 것을 명심해야 한다. 우리가 IT에서 아무리 앞서도 중국과 인도의 인해전술을 이길 수는 없으며, 미국처럼 표준을 쥐고 판을 왕창 갈아엎을 수도 없기 때문이다.

5.2.2 제조업은 단말기, IT는 시스템

시스템 산업이란 하나의 물품이 독자적으로 그 성능을 발휘할 수 없다는 말이다. 예를 들면, 자동차와 자전거는 단위 물건 하나가 움직일 수 있다. 볼펜은 사기만 하면 무슨 서비스 플랜에 가입할 필요 없이 바로 종이 위에 글씨를 쓸 수 있고, 다 쓰고 나면 새 것으로 바꾸면 된다. 하지만 휴대전화나 인터넷은 기계 자체에 아무 문제가 없어도 서비스망에 가입하지 않았거나 서비스망에 문제가 생기면 무용지물이다. 로밍을 신청하지 않았다면 우리나라에서 쓰던 최신형 휴대전화를 미국이나 유럽으로 가져가서 아무리 눌러대도 전화가 터지지 않는다. 만약 세계 어디를 가도 그냥 통화가 가능한 전화가 있다면 당연히 월정액이 비쌀 것이다. 이처럼 네트워킹으로 엮어져서 그 속에 가입하지 않으면 꼼짝할 수 없는 산업이 IT다. 네트워킹의 표준이 정해지면 제조업자들은 그 방식에 따라야만 한다. 그러므로 작은 나라들은 기술과 표준을 쥔 IT 거인들에게 감히 대들 수 없다. 거인들은 로열티라는 상납금으로 여유 있게 살며, 상납금 바치기에 소홀한 기업이나 나라에는 협박도 불사한다.

유럽의 변방인 핀란드 회사 노키아가 저렇게 휴대전화로 재미를 보는 것도 유럽연합이라는 덩치 큰 보디가드가 노키아의 GSM 방식을 표준으로 채택해주었기 때문이다. 유럽 내의 서로 다른 텔레비전 신호방식처럼 만약 유럽 각국이 휴대전화에서 다양한 표준을 채택했더라면 노키아가 크지는 못했을 것이다. IT는 덩치 크고 힘센 자들이 시장을 주무르는 곳이다. 이제는 IT 산업의 영향으로 제조업에까지 '덩치 효과'가 전염되었다. 과거에는 우리도 대만이나 스위스처럼 건실한 중소기업을 키워야 한다는 국민적 공감대가 깊었으나, IT가 뜬 다음에는 오히려 재벌들의 덩치를 인정해주는 분위기로 가고 있다. 수출시장에서 외국의 강자들과 상대하려면 대기업 구조로 가야 한다는 논리가 설득력이 있어 보이기 때문이다. 하지만 대기업이란 스모선수의 처지처럼 씨름판에서는 힘을 좀 쓰지만 화장실에서는 스스로 뒤도 못 닦게 된다. 기업이 덩치를 너무 키우면 효율이 떨어지고, 후발주자들의 공정경쟁도 보장되지 않는다. 몸집 부풀리기만이 능사가 아니라, 민첩한 몸짱의 모습으로 경쟁력을 키워나가는 것이 중요하다.

5.2.3 IT도 제조업이 뒷받침되어야 한다

국내 IT 시장에서 가장 재미를 보는 업체는 서비스 업체인 KT나 SKT, LGT들인 것처럼 확실히 IT는 시스템 산업이다. 하지만 그렇다고 해도 제조업이 뒤를 받치지 않으면 IT는 힘들어진다. 하드웨어를 만드는 제조업이 박자를 맞춰주어야 하는 것은 마치 '건전한 신체에 건전한 정신이 깃든다'는 서양 속담과 일맥상통한다. IT라는 소프트웨어 콘텐츠는 신뢰성 있는 기기들에 담겨야 빛을 본다. 좋은 음식이 싸구려 접시에 담겨서는 제 값을 받을 수 없게 되는 것도 좋은 비유가 될 수 있겠다. 제조업이 뒷받침되지 않는 IT의 전형은 인도다. 인도에는 고품질의 프로그래머들이 넘쳐나서 미국 IT 회사 프로그래머의 대부분을 차지할 정도지만, 그들이 자신들의 상표를 붙여서 낸 IT 결과물은 전무하다. 그러니 국가 전체가 그저 미국에 인력 공급하는 용역업체 수준인 것이다.

반면 제조업을 바탕으로 한 IT 산업의 전형은 우리나라다. IT 산업의 콘텐츠라고 할 통신체계나 컴퓨터 운영체계, 컴퓨터 프로세서 등을 직접 개발한 것은 없지만 IT 기기들인 휴대전화, 반도체, 플레쉬 메모리, 액정 등으로 IT 강국이 되었다. 그러므로 한국의 IT 산업은 그 기반이 제조업이라는 것을 잊으면 안 된다. IT가 부상하면서 굴뚝산업은 이미 구닥다리인 것처럼 떠드는 사람들이 많아졌지만, 천만에 말씀이다. 그동안 우리나라의 IT를 이끌어 준 힘은 제조업에서 나온 것이다.

사회 문제 : 제조업은 파업, IT는 실업이 문제

한국이 IT 강국으로 발전하면서 사실 엄청난 발전을 했다. 가장 큰 도약은 외국에 우리나라가 널리 알려졌다는 것이다. 과거의 달러 수입원은 중동건설, 신발, 가발처럼 눈에 띄지 않는 부분이었다. 지금은 세계인의 손에 우리나라 휴대전화가 들려있고, 우리나라 자동차들이 심심찮게 미국과 유럽의 거리를 질주하고 있는 것이다. 유엔의 정식가입국 되는 것이 소원이었지만, 지금은 그 유엔을 이끄는 수장이 한국 사람이다. 70년대의 에너지 파동과 80년대 군부독재, 90년대 IMF를 이겨낸 노력의 결실이다. 필자는 세계에서 소위 잘 산다고 하는 나라들을 여럿 다녀본 결과, 이제 생활수준이 한국보다 현저히 높은 국가는 지구상에 존재하지 않는다는 결론에 이르렀다. 다만, 경제 수준은 높지만 기형적 장애가 있는 것은 사실이다. 남북이 나뉘어 언제나 안보 문제가 있다는 점, 부동산과 교육이 진전 없이 제자리걸음을 하고 있다는 것 말이다.

한데 위에 언급된 문제들은 갑자기 만들어진 고질병이 아니다. 정치와 문화가 만든 총체적 결과다. 그러니 지나간 노무현 정부의 국정운영은 크게 실패한 부분이 없어 보인다. 자기편만 요직에 심어온 거의 조폭수준의 의리도 처음 있는 일은 아니다. 하지만 왜 노무현 정권을 물갈이 하는 것이 2007년 대선의 국민적 목표가 되었는가? IT 붐으로 한국의 위상이 올라갔고 정경유착도 거리를 벌려 다소 건전한 긴장을 유지하고, 대통령을 함부로 비난해도 잡혀가지 않는 세상이 되었다. 가시적 경제성과와 진정한 민주화를 이룬 시점이었다. 그러나 국민들은 노무현 정권의 치적 인정에 아주 인색하다. 경제나 정치에서 모든 지표가 괜찮았던 노무현 정권 시절에 왜 국민들은 볼멘소리를 했을까?

실업문제가 핵심이다. 훨씬 잘 살게 되었지만 일자리가 옛날만 못한 것이다. 박정희 전두환 시절에는 실업률이 사실상 제로였다. 그러다가 갑자기 취업문이 좁아졌다. 대학은 고시촌이나 토익준비반으로 변했고, 면접을 위해 성형수술까지 한다는 이야기가 나왔다. 실업의 가장 중요한 원인은 사회가 제조업에서 서비스업으로 전환되었기 때문이다. 많은 공장들이 중국으로 나가버려서 한국 상표를 부착한 제품들은 많지만, 진짜 메이드 인 코리아는 줄고 있다. 최고의 일터는 은행이나 정부기관, 공기업들이다. 전통 제조업이 줄고 IT 산업으로 이동한 탓이다. 사실 우리나라 IT는 따지고 보면 아직 제조업 수준이다. IT 제조업은 전통적 제조업과는 다르게 덩치가 작은 제품들이어서 인건비 낮은 해외로 빠버리기 쉽다. IT가 이렇게 발전한다면 실업은 역으로 더 증가한다.

자! 이제 제조업을 보자. 현대자동차 노조는 많은 비난을 받아왔다. 배부른 노동자들은 무리한 임금인상을 요구하며, 노동자들 월급 인상분은 국내 자동차 판매가격을 올리거나 중소기업들 납품 가격을 깎아서 채워졌다. 추진력이 뛰어나다는 현대그룹도 노사문제 해결에 서툴다. 노조원들을 다 자른다면 공장 가동이 불가하기 때문이다. 휴대전화 조립 여공들은 유사 공정 경험자들을 며칠 교육시켜서 현장에 투입하면 되지만, 자동차 공장은 경쟁회사의 베테랑 직원들을 빼어 와도 쉽게 정상화가 안 된다. 조립공정에서 재래식 제조업과 IT 산업은 완전히 다른 양상을 보이기 때문이다. IT 제품은 조립 때문에 품질에 미치는 영향이 아주 낮다. 하지만 자동차의 품질은 조립에 의해 완전히 달라진다. IT 제품은 품질검사가 쉽고 정확하다. 생산라인을 나온 제품을 켜봐서 작동된다면 그 후에 다시 고장 날 확률은 적다. 컴퓨터 사와서 첫 날 잘 켜졌으면 그 다음날부터 대체로 문제없다. 하지만 자동차는 첫날 잘 굴러갔다고 내일도 잘 갈지는 아무도 모른다. IT는 소수의 천재가 중요한 기술이다. 하지만 제조업은 다 같이 가야 하는 산업이다. 설계자, 제작자, 조립자가 골고루 참여해야 좋은 제품이 나오는 산업이다. 그래서 IT 초 고수 미국도 제조업에서는 죽을 쓰고 있다. 다민족이 엉켜 있는 미국 근로자들의 평균 숙련도와 지적수준은 단일민족 국가인 일본이나 독일에 형편없이 모자라기 때문이다. 그리고 자동차 회사는 IT 회사들과 다르게 공장을 해외로 옮기기도 어렵다. 제품도 무겁고 생산 장비도 크기 때문이다. 이런 한계를 잘 아는 노동자들은 더 목소리를 높이는 것이다. 하지만 IT 산업은 제품도 가볍고 생산 장비도 가벼워 해외로 생산라인을 옮기기가 쉽다. 노동자들의 높은 숙련도도 필요하지 않아 임금도 싸다. 그러니 IT는 제조업에 비한다면 고용과 부의 분배에 훨씬 적은 기여밖에 못하고 있다.

정리해보자. IT는 실업, 제조업은 파업이 문제다. 파업 기사를 자주 대하는 시민들은 격분하겠지만, 노동자들은 아직도 성에 차지 않는다. 기득권층은 부동산으로 쉽게 돈을 버니 말이다. 하지만 노동자들이 우선은 참아야 한다. 정치적 민주화는 상대적으로 쉬웠지만 경제적 민주화는 단숨에 성취되기 어렵다. 왜냐하면 정치가 굵직한 몇 거물들만의 몫이라면, 경제는 모든 사람들의 생존권에 직결되기 때문이다. 예를 들어보자. 수도 이전은 정치적으로 합당하고도 절실한 정책이었다. 하지만 거의 전체 인구 절반의 경제적 이익을 당장 뒤집으려 하니 성사될 턱이 없다. 판결에 참여한 헌법재판소 판사님들도 아마 그 아침에 사모님들의 단호한 충고를 듣고 출근했을 것이다. "우리 집 재산 반토막 나느냐, 마느냐를 결정할 판결입니다. 명심하세요!" 코믹하게도 경국대전까지 들이댄 헌재 판사님들을 이기적이라고 몰아세울 수만은 없다. 미국 독립선언서에 나오듯이 인간은 누구에게나 자신의 행복을 추구할 권리가 있기 때문이다. 공익을 위한답시고 개인의 이익을 해치는 결정을 쉽게 하려면 우리는 자본주의를 포기해야 한다. 종교 집회 표현의 자유와 다르게 소유는 평등하게 누릴 수 없다. 그러기에 절대 빈곤만 해결되었다면 경제평등 문제로 파업하고 시위하는 일은 자제해야 한다.

반면 실업문제는 기업들이 적극 나서줘야 한다. 옛날에 삼성그룹의 기업이념 중에는 '사업보국' 이라는 항목이 있었다. 사업을 일으켜 나라를 위한다는 말이다. 하지만 정권과 몇 번 불쾌한 난타전이 있은 후이 문구가 빠져버렸다. 표면상 이유는 글로벌 시대에 맞지 않는다는 것이다. 하지만 진짜 이유는 '우리를 몰라주면 방 빼서 다른 나라로 옮기겠다' 는 으름장이었을 것이다. 필자는 20년을 외국에 사는 동안 국경을 초월하여 세계인으로 살아보려고 몸부림쳐 온 사람 중 한 명이다. 하지만 세계인이라는 단어는 듣기에 멋있지만 존재하지 않거나, 만약 존재한다면 그 실체는 집시같이 처량한 인간일 것이다. 훌륭한 축구선수 중에 자기 소속팀이 없는 선수가 있는가? 국가 대항전을 하지 않고 그냥 월드 베스트 11씩 뽑아서 하는 경기가 재미있던가? 그런 경기라면 딱히 응원할 팀도 없고 승부도 중요하지 않은 맥 빠지는 경기다. 세계시민, 글로벌 기업은 멋있고 환상적인 그리고 인류가 지향해야 할 아주 높은 개념이다. 하지만 현실적으로는 이루기 불가한 가상적 존재다. 미국시민권을 신청할 수 있다고 내 나라가 없어도 되는 것이 아니다. 역설적이게도 자기 나라 여권 없이는 미국영주권 신청하기도 어렵다.

한국 사람들이 삼성제품을 전혀 안 사는데도 삼성이 시장에서 건재할 순 없다. 국가와 국민이 있기 때문에 기업이 존재한다. 그러므로 당연히 기업도 고용에 대한 책임을 심각하게 느껴야 한다. 경쟁력 확보를 위해 최소한의 인재들만 고용한다는 방침은 온전한 논리라고 보기 어렵다. 기업은 못난 자식도 보듬는 부모의 마음을 가져야 한다. 자본주의가 우리보다 더 발달된 미국 태생 빌 게이츠 회장은 최근에 회장직을 사임하고 자신은 사회사업에 주력하겠다고 했다. 기업의 사회적 책임을 형상화한 선언이다. 노동자는 부족한대로 조금 더 참고, 기업들은 고용을 손익보다 더 진지하게 생각해야 우리에게 미래가 있다. 다 죽었는데, 나만 살면 삶의 의미가 없는 것처럼 '공존 속의 경쟁'이 우리의 모토여야 한다. 공존과 경쟁은 교감신경과 부교감 신경 같은 우리 사회의 균형을 잡아주는 중요한 두 가지 키워드다.

사회체질 개선을 위한 대책

산업구조는 그 사회가 가진 사회적 환경 그리고 문화와 깊은 관련이 있다. 산업구조 개선을 아무리 하고 싶어도 사회 환경과 문화가 변하지 않으면 근본적 개선이 어렵다. 그러기에 어떤 나라들은 많은 자원을 가지고도 궁핍한 반면, 또 어떤 나라들은 추운 기후에 빈약한 자원에도 불구하고 훌륭한 사회를 이루어 잘 산다. 한 사회의 문명은 문화와 정비례 관계는 아니지만 상당한 연계성을 가지고 있다는 이야기다. 우리 사회의 몇 가지 고질병과 터부들이 해결되지 않은 채, 경제정책이나 기술개발로만 선진사회를 만들기는 불가하다. 첫 꼭지에서는 정보통신 시대를 맞이하면서 일어났던 사회 변화를 평가해보았고, 그 다음에는 한국의 사회 환경을 정리한 후 체질개선 방향을 논하였다.

6.1 정보통신 쓰나미가 쓸고 간 흔적

앞에서 토플러의 『제3의 물결』은 '제3의 파도' 혹은 '제3의 쓰나미'로 번역되었더라면 좋았을 것이라고 했다. 정보통신이라는 쓰나미가 과거 10년 동안 무엇을 얼마나 쓸고 갔는지, 판을 얼마나 갈아엎어놨는지 알아보자. 숨은그림찾기 목록처럼 일상적 물건과 익숙한 직업들을 무작위로 나열했다. 종이 기차 건전지 신발 수동면도기 생리대 화장품 필름 커피 책 녹음테이프 타자기 시계 카메라 안경 콘택트렌즈 라식수술 OHP CD 비디오테이프 고급의류 유럽여행 휴대전화 워크맨 아이팟 컴퓨터 TV 인터넷 네비게이션 컬러프린터 자동차 의사 변호사 웹디자이너 증권분석가 슈퍼마켓 아파트…. IT 시대가 도래하면서 앞의 리스트들 중 무엇이 새로워졌는지 알아보자. 첫 번째로 IT가 도래하면서 처음 생겨났거나 보급이 확대된 것들을 나열해보자.

1) **새로운 발명품** : CD 휴대전화 아이팟 컴퓨터 인터넷 네비게이션 컬러프린터 정도를 들 수 있다. 이들은 화려했던 도입기와는 달리 점차 가격이 낮아져 귀히 취급받던 소중품에서 당연히 있는 소품으로 전락했다. CD는 마치 싸구려 공책처럼 되었고, 컴퓨터는 1백만 원 이하에 살 수 있다. 휴대전화는 구식 모델이면 공짜로 준다. 웹디자이너라는 직업은 10년 전 각광받을 직업으로 언론들이 떠들었었지만, 지금은 비정규직 자리라도 있는지 모르겠다. 컴퓨터 프로그래머라는 직업 자체가 요즘은 3D 직종 근로자라고 자조하는 소리를 자주 듣는다.

2) **IT 이전부터 존재하던 것들** : 건전지 필름 녹음테이프 타자기 시계 카메라 OHP 비디오테이프 워크맨 TV를 들 수 있다. 위 제품들 중 IT가 등장하면서 완전히 망한 것도 있고, IT를 응용하여 시장에 더 활력을 준 물건도 있어서 운명이 극명하게 나뉘었다. 필름은 거의 수요가 없어졌지만, 카메라는 필름 대신 플래쉬 메모리를 파트너로 하여 화려한 과거를 다시 찾았다. 렌즈나 셔터 등 카메라의 기본 구조가 전혀 바뀌지 않았으므로 일본 카메라 회사들은 여전히 시장을 지배하고 있다.

OHP(Over Head Projector : 투명한 비닐 위에 글씨를 쓰거나 그림을 그려 발표용으로 사용하던 장치)와 타자기는 컴퓨터에 밀려 퇴출되었다. 그런데 녹음테이프는 CD나 DVD에 밀려 완전히 사라질 것 같았지만 아직도 수요가 있다. 재래식 녹음테이프는 얇은 원판이 아니라 작은 직육면체 모양을 하고 있어 사람들이 취급하기도 쉽고 견고하단 이유로, 재래식 테이프는 카피하면 품질이 떨어지고 시간도 많이 걸려 저작권 보호에 용이하다는 이유 때문이다.

TV는 인터넷으로 시청자들을 빼앗기는 것 같았지만 이제는 오히려 과거보다 더 많은 파워와 돈을 장악하는 매체가 되었다. 인터넷은 TV보다 응집된 목적이 약하기 때문일 것이다. TV는 이슈 자체를 만들 수 있는 조직과 자본이 있다. 오합지졸들의 인해전술 형태가 인터넷이라면 TV는 제대로 무기를 갖추고 훈련을 받은 정규군 조직이다. 그렇다고 인해전술을 우습게 볼 수는 없다. 공격대상을 집중하여 인해전술로 들어가면 정규군인 TV도 오합지졸들을 당할 수가 없다. 현재 TV는 권력을 쥔 반면, 인터넷은 민심을 쥐고 있다. 이런 까닭에 사람들은 과거에 TV만 보면 되었지만, 지금은 인터넷과 TV를 다 봐야 한다. 어떤 이에게는 이중의 즐거움이지만, 다른 사람들에게는 이중의 시간낭비다. 불리한 여론을 막는 일을 하는 사람들에게는 정말 이중의 고통이다. 여기에서 보는 것처럼 새로운 기술이 태어나면서 기존의 패러다임이 다원화되었을 뿐 전복되지는 않았다.

3) IT와 직접 관계없는 것들 : 종이 기차 신발 수동면도기 생리대 화장품 커피 책 안경 콘택트렌즈 고급의류 유럽여행 자동차 슈퍼마켓 아파트는 모두 오래전부터 있어 온 상품이다. IT 기술이 결합되어 더 발전한

부분도 있지만 직접 정보통신과 관련은 없다. 재미있는 현상은 IT 시대에도 돈을 많이 벌면 과시하거나 가지고 싶어 하는 것은 IT 제품이 아니라 자동차, 유럽여행, 아파트, 고급의류, 화장품들이라는 것이다. 즉 인간의 기본적 욕구에는 변화가 없다는 것이다. 그리고 종이는 더 재미있는 경우다. 컴퓨터가 도입되면서 많은 기업이나 관공서 그리고 개인이 '종이 없는 사무실'(Paperless Office)을 추구해왔다. 그러나 종이 사용량은 줄지 않고, 가장 컴퓨터가 발달했다는 미국이 전 세계 종이의 절반을 소비하는 부조화를 보인다. 생각보다 사람들의 삶의 방식이 쉽게 변하지 않는다는 것이다. 삶의 방식이 일정부분 우리의 신체구조와 관련 있기 때문이다.

위를 살펴보며 아쉬운 것은 공해산업으로 분류되어 일찍 포기한 신발산업이다. 미국의 다국적 기업 나이키가 동남아에서 생산하고 자기들 상표만 붙여 팔아먹는 품목이 신발이다. 무게를 기준으로 한다면 신발은 컴퓨터 이상의 고부가가치 상품이다. 고장 난 제품의 환불이나 애프터서비스도 필요 없고, 유행에도 민감하지 않아 장사하기 좋은 품목인데 말이다.

우리나라의 IT 산업 이야기로 돌아가 보자. 반도체와 휴대전화는 우리가 원천기술이 있어서가 아니라, 하드웨어인 물건을 잘 만들었기 때문이다. 즉 우리나라의 IT 산업 성공은 시스템이나 통화표준 같은 IT 몸체가 아니라 제조업 경쟁력이 있었다는 이야기다. 우리나라에서 IT

시대라는 외침이 컸지만 거품이 많았고 실제로는 극히 일부 산업에만 영향을 미쳤다. 그 증거로는 10년 동안의 장기침체로 IT에서는 우리보다 한수 아래로 생각되던 일본이 여전히 건재하다는 점을 들 수 있다. IT에서 낙후했다던 나라가 일본이지만, 2005년까지 세계외환 보유고 1위를 고수했다. 한편 2006년에 이르러 일본의 외환보유고는 중국에 의해 추월당했는데, 중국의 약진은 IT가 아니라 저가 재래식 제품을 위주로 한 인해전술이었다. 휴대폰을 앞세워 우리나라 IT가 가장 잘나가던 2005년 당시 미국 「포춘」지가 선정한 세계 500대 기업 속에 우리나라는 21개였지만 일본은 무려 125개였다. 우리와 비교하기에는 너무 경제력이 큰 일본은 그렇다 치고, 아무런 IT 생산품이 없는 스페인이 우리보다 높은 국민소득을 기록한다는 점도 정보통신의 영향력이 생각보다 작았다는 증거다.

4) 실업률 : 우리나라는 90년대 초반 3% 아래의 실업률을 유지해왔지만, IMF를 맞은 90년대 말은 7%까지 솟아올랐으며, 2005년에는 다시 4% 정도로 낮아졌었다. 하지만 이때부터는 비정규직이 늘어났기에 통계상 실업률은 낮아졌지만 의미가 없다. IT 시대가 고용을 악화시켰다는 것은 확실하다. 생산품이 가볍기 때문에 부품업체로부터 표준부품을 받아서 단순 조립하는 생산구조 때문에 숙련공이 필요하지 않다. 그래서 임금이 낮고 외국으로 공장을 이전시키기도 쉬운 산업이 정보통신산업이다. 덩치 크고 유명한 회사 제품이면 만사 오케이다. 품질이 비슷하고 들어본 적이 없는 작은 기업의 명품이란 존재하지 않는

시장이다. 이런 정보통신산업의 특징은 모든 상업에도 적용되었다. 그래서 어디를 가도 내부 장식이 동일한 체인점들이 많아졌고, 덩치 큰 가게들에 의해 골목서점이나 반찬가게들이 사라지고 있다. 우리는 과거보다 잘 살게 되었지만 분배에는 실패하여 양극화의 골이 깊고, 주택 교육문제도 해결하지 못하고 있다. 커진 기업들의 브랜드 파워와 늘어난 수출액만큼 사회구조와 경제구조 개선들이 이루어지지 못했다는 이야기다.

우리나라의 폭발적인 IT 산업 발전에도 불구하고 고용창출이나 분배가 신통찮은 이유는 핵심부품이나 제조기계들을 미국, 일본에서 들여왔다는 약점 때문이다. 부품생산과 기본기술이 국내인력에 의해 이루어졌더라면 IT 매출의 많은 부분은 직접 한국사회로 유입되어 중소기업이나 연구소로 흘러들어갔을 것이다. IT를 제대로 하기 위해서는 핵심부품과 생산용 장비를 만드는 기계기술이 뒷받침되어야 '속 빈 강정' 꼴이 안 난다.

5) 일용품 시장 : IT를 쫓아가느라 하찮게 보이는 수동면도기 생리대 커피 일회용기저귀 운동화 같은 일용품 시장을 외국기업들에게 빼앗기고 있다. 운동화는 휠체어를 타고 다니는 사람도 신고 다닌다. 면도 안 하는 남자가 없고, 생리 안하는 여성이 없다. 커피 안 마시는 직장인이 없으며, 기저귀 필요 없는 신생아는 없다. 국내 생리대 시장은 연간 약 4억 달러 규모라는데, 90% 정도를 외국기업들이 차지하고 있다

고 한다. IT니 첨단이니 하는 '빛 좋은 개살구'들만 돌보느라 매일 사용하는 일용품 시장을 외국기업에 뺏겼으니 남는 장사라고 말하기 어렵다.

정리해보자. 한국사회는 정보통신 시대의 도래를 문명사회에 밀어닥친 쓰나미처럼 받아들여 열심히 따라왔는데 과연 정말 쓰나미였는가? 정보통신은 근본적 사회생태의 변혁을 불러온 것이 아니라 유용한 도구를 몇 개 더 제공한 정도에 불과하다. 기업 차원에서도 정보통신 전문기업이 생겨 기존 재벌들의 판을 위협하는 곳은 겨우 미국과 일본에서만 구글과 닌텐도 같은 몇 개 회사만 있을 뿐이다. 국내에서는 '그 나물에 그 밥'인 재벌기업들이 여전히 파워를 쥐고 있다. 한때 우리나라에서도 다음, 한글과 컴퓨터, 네이버 등 많은 정보통신 전문회사들이 재계의 파워를 나눠가질 것 같았으나, 역부족으로 끝나거나 기존 재계에 편입되었다.

직업 면에서도 미래유망직종이라던 웹디자이너, 프로그래머나 전자공학 박사들보다는 여전히 의사 변호사가 더 인기 있으며, 어느 나라 대입과목에도 웹서핑 같은 것은 없다. 우리나라 대입 수능과목도 언어영역이니, 수리영역이니 말만 교묘하게 바뀌었을 뿐 국영수가 여전히 가장 중요한 과목이다. 애들이 컴퓨터 많이 한다고 걱정하는 부모가 컴퓨터 잘한다고 대견해하는 부모 수의 100배는 될 것이다. 다시 한번 반복하지만 정보통신은 가치 혁명이 아니라 겨우 도구 혁명이었을 뿐이다. 그래서 IT 쓰나미는 모래사장에 찍혀있던 과거의 발자국들을 지워버린 것이 아니라, 그 파도에 몇 가지를 실어 와서 떨어뜨렸을 뿐이다.

사회 인프라 : 대학입시, 부동산, 노인복지, 에너지 그리고 환경

원래 인프라란 '인프라스트럭처'(Infra-structure)를 말하며 산업을 위한 도로, 항만 등의 시설을 말한다. 하지만 여기에서는 산업 인프라가 아닌 사회제도 인프라를 논하였다. 여기에서 제시된 문제들은 한국사회에서 수 없이 논의되어 식상하지만, 외국에서 살아온 필자가 다른 각도로 문제를 보았다.

6.2.1 대입문제는 기업들 책임이다

한국사회의 대학입시문제는 정부정책 잘못이 아니라 문화적 한계다. 모든 국민들이 명절에 전부 귀향하려는 경우에도 교통체증이 없도록

도로를 건설하는 것이 불가능한 것처럼, 모두가 일류대학에 들어가고 싶어 하는 수요를 해결해줄 교육정책은 없다.

학벌폐지를 위해서 정부는 할 만큼 했다. 정부는 공무원 시험에 학력제한을 두지 않았다. 그래서 상고 출신이 판사도 되고 대통령까지 되었다. 행정부 내부에도 학연에 의한 파벌이야 있겠지만, 적어도 정부는 노력만 하면 누구나 공무원이 될 수 있는 공정한 시스템을 만들어 두었다. 문제는 민간이다. 민간기업 취업 시장에서 학벌은 너무 심하게 작용한다. 지원자가 많다보니 기업들이 출신대학 순으로 선발하는 것이 문제다. 긴 소리 할 것 없이 이런 방법은 어떨까? 학벌과 학점을 존중하는 특차전형과 공개시험으로 치루는 일반전형을 병행하는 것이다. 은근히 차별하지 말고 확실하게 인정할 것은 인정하고 가릴 것은 가리자는 이야기다. 학벌이 좋고 성적이 좋아서 쉽게 들어온 그룹과 공개경쟁을 거쳐 입사한 그룹이 공존하는 구조를 가져야 한다. 이렇게 될 때만 일류대학 출신자들의 프리미엄과 2~3류 대학에서 열심히 한 학생들 간의 공정한 경쟁이 보장되는 구조를 만들 수 있다.

다른 이야기로는 수능처럼 공정하고 권위 있는 대학졸업자 시험이 속히 개발되어야 한다. 이미 도입한 미국의 전문대학원 제도는 대학원 자체뿐 아니라 대학졸업자들의 지적능력을 테스트할 수 있는 공정한 시험제도를 확립했다는 점에서 아주 중요하다. 즉, 경영대학원에 진학하려면 학점뿐 아니라 GMAT라는 시험성적이 좋아야 한다. 로스쿨, 의과대학원과 일반대학원도 마찬가지로 출신대학, 학점, 시험성적의 세 가지를 종합한 성적으로 진학한다. 미국의 경우 위의 3가지 중 출신대학은 중요도가 조금 떨어진다. 왜냐하면 일류대학과 3류 대학 출신이 정말 학력차이가 있다면 시험성적에서 확연히 드러나기 때문이다. 시험성적이 지적능력을 보여주는 요소라면, 학점은 성실성을 나타내는 지표다. 미국대학의 학점은 절대적 기준을 어느 정도 확보하고 있어서 중위권 대학의 A학점이나 상위권 대학의 A학점이나 큰 차이가 없다. 그래서 좋은 대학은 학점을 후하게 주고, 내려올수록 좋은 학점받기는 어렵다. 미국은 출신 대학에 무관하게 학점의 품질이 보장되는 시스템을 갖추었다는 이야기다.

대학과정 후의 공정한 평가 제도를 확보하는 것은, 대학입시 일심제에서 대학-대학원 입시의 이심제로 갈 기회를 준다. 대학-대학원 간의 동종교배를 끊고 공정한 대학원 입시를 치르자는 것이다. 마음만 먹으면 동일 대학에서 박사과정까지 가는 길은 무난하니까 한국에서 공부했다면 학사 출신대학이 중요할 뿐 석박사 학력에 별 의미를 두지 않는다. 대학이 졸업생들의 품질을 객관적으로 보증해야만 비로소 외국처럼 최종학력이 의미를 가질 수 있다. 대학에서 교육평가가 시원찮으니, 한국 엘리트들은 자기가 고등학교 다닐 때 열심히 공부했던 추억을 평생 우려먹으며 산다. 엘리트들이 대학 4년도 고3처럼 보낸 추억을 자랑스럽게 우려먹으며 살아야 정상이다. 공정한 대학원 입시와 대졸 학력평가 제도는 시급한 국가적 과제다.

대학에는 한 가지 더 심각하게 개선해야 할 부분이 있다. 석사과정은 강의 위주로 개편되고 석사논문은 폐지되어야 한다. 젊은 실업자들은 많지만 기업들은 뽑을만한 인재가 없다고 말한다. 엘리트들이 너무 학술 쪽으로 치우쳐 있기 때문이다. 우리나라 석사과정은 박사를 위한 워밍업 과정에 불과하다. 그래서 박사과정에서 쓸 논문을 흉내 내 보는 것이다. 독창성도 없고 학문적 업적도 모자라는 논문에 공을 들이는 것이 석사과정이다. 미국의 많은 일반대학원에서는 석사 과정이 따로 없고 그냥 대학원 과정에 입학하여 계속 공부하면 박사고, 2년 후 시험치고 중도하차하면 석사다. 전문대학원은 실무 석사학위에 해당하여 논문은 안 쓴다. (로스쿨은 JD라는 학위를 준다. D는 Doctor를 말하지만, 학문적 박사는 아니여서 JD 학위를 '법학박사' 가 아닌 '법무박사' 라고 번역한다. JD는 사실상 석사학위다.) 전문대학원이든 일반대학원이든 전문가가 되기에 필요한 과목을 많이 그리고 깊이 있게 수강하는 곳이 석사과정이어야 한다. 그리고 외국의 경우 학문을 계속하지 않을 경우 석사까지 공부하는 것이 일반적 경향이다. 학사는 전문가 자격으로는 부족하고 박사는 학술에 치우치지만, 석사과정은 실질적 고등교육이 이루어지는, 말 그대로 자기 전공을 마스터(Master : 석사학위)하는 과정이다. 하지만 우리나라 석사과정은 논문 습작을 위주로 하기에 목표가 희미하다. (사실 석사과정의 목표는 아주 분명한데, 학계에서 생존해야 하는 교수를 돕는 것이다. 석사과정 학생들은 박사과정 선배나 지도교수를 돕는 조역일 뿐이다.) 사회가 필요로 하는 실무 전문가를 육성하기 위하여 석사과정은 수강을 늘리고 논문은 폐지하여 박사과정과의 구별이 필요하다.

이 단원을 정리해보자. 첫째로 대입문제는 정부정책 탓이 아니라 인재선발에 안이한 기업 탓이라고 했다. 두 번째로는 공정한 취업기회 보장과 동종교배의 대학문화 청산을 위해 대졸자들의 객관적 학력평가제도가 필요하다고 했다. 세 번째로 석사과정은 수준이 높으면서도 실질적인 교육을 위해 논문을 폐지하고 고급 전문지식 수강과 토론 위주로 바뀌어야 한다고 제안했다.

6.2.2 핵폭탄 같은 부동산

산업을 이야기하는 곳에 엉뚱하게도 부동산 문제를 올렸다. 생뚱맞은 것 같지만 사실은 직접 연결된 문제다. 산업이나 기술개발을 운동장에서 하는 경기에 비유한다면, 우리나라의 부동산 문제는 그 운동장에 지진이 나는 것과 같다. 운동장에 지진이 나면 경기력이 우수한 선수와 관중이 소용이 없어지고 경기 자체가 의미를 잃는다. 우리나라의 부동산 문제는 미국 같은 나라와는 차원이 다르다. 왜냐하면 땅이 좁은 우리나라의 부동산은 제로섬 게임이지만, 넓은 나라들의 부동산은 계속 생산 가능한 공장제품 같은 것이기 때문이다. 제로섬(Zero-Sum)이란 다 더해보면 결국 영이 된다는 말이다. 즉 누군가가 아파트 2채를 가지면 누구 한 명은 집을 가질 수 없는 상태가 된다는 말이다. 한없이 공급을 확대하기는 현실적으로 불가하기 때문이다. 인구밀도가 높은 나라에 설상가상으로 편의시설, 좋은 교육환경, 화이트칼라 직업들이 수도권과 대도시에 집중되어 있어 문제가 더 심각하다. 공산품의 경우는 한 집에서 TV를 여러 대 산다고 다른 집에서 TV를 못사는 일은 없다. 공산품은 제로섬이 아니기에 포식하는 이웃 때문에 주위사람들이 기본권을 박탈당할 일은 없다. 반면 공급은 한정되어 있는데 모든 사람들이 필요로 하는 아파트는 누군가가 많이 가지면 다른 사람들이 빼앗기는 구조를 가질 수밖에 없다.

부동산 가격폭등은 모든 직장인들의 사기를 떨어뜨리며, 뭔가 열심히 해보려는 산업전사들을 혼란스럽게 만드는 주적 1위다. 한 때 돈으로 돈을 버는 방법으로 주식이 잠깐 전 국민의 관심을 훑고 지나간 적이 있다. 그러나 깡통구좌니, 바닥세 코스닥이니 하는 쓰라린 혼란을 경험한 후 '혹시나 했지만 역시나 부동산' 이다. 주식은 언제나 개미군단의 참패로 끝났지만, 부동산은 외국거대자본이 배제된 순 국산끼리의 '공정한 경쟁' 의 장이 마련되었기 때문인지 투자용 인기가 갈수록 높아만 간다. 경제는 높낮이를 반복하며 사이클을 그린다는 것이 정석이다. 불경기와 호경기를 반복하는 이 당연한 부침현상이 부동산에는 없다. 금융위기니 경제위기니 하면 부동산은 떨어진다기보다 거래가 줄어 태풍의 눈처럼 잠잠하다. 마치 몸 안에 들어와 시간을 기다리는 병균의 잠복기 같은 추세다. 그러다가 약간 경기가 좋아지면 급상승하기를 반복한 것이 한국의 부동산 시장이다. 가파르게 오를 때는 조용하던 언론들은 어쩌다가 부동산이 조금만 내려도 장기침체가 오는 것 아니냐며 사회가 금방 망할 것처럼 야단법석을 떤다.

정권을 잡은 자들이 부동산 가격안정을 결코 바라지 않을 것이라는 추측은 쉽게 할 수 있다. 거의 대부분의 고위 정책입안자들, 국회의원들이 대한민국 최고 집값을 언제나 갈아치우는 강남에 사는 데 자기 집값 내려가는 정책추진을 할 이유가 없다. 부동산에서 생기는 이익은 언제나 은행이자율보다 많게는 10배, 적게는 2배까지는 보장되었었다. 하지만 세상원리가 말해주듯 항상 오르기만 하는 법은 없다. 인구가 줄고 있고, 공급이 확대되고, 대출한 자금의 금리가 오르고 등 해서 불안심리가 고조되면 팔겠다는 사람들이 넘쳐나서 일본의 부동산 버블을 따를 확률은 아주 높다. 그러므로 부동산 시장은 폭탄 돌리기 게임이다. 도화선에 불이 붙어 타들어가는 다이너마이트가 내 차례에는 안 터지기를 바라며 계속 옆으로 넘기는 게임 말이다. 설사 자기 차례에 안 터져도 유탄은 맞을 것이다. 금융위기로 잠복기를 견디고 있는 부동산은 아마도 변종 바이러스처럼 내성을 더 키운 다음 다시 시장으로 돌아올 것이다. 한국 부동산 역사에 가장 중요한 순간이 오고 있는 느낌이다. '황야에서 돌아올 장고'를 어떻게 상대하느냐가 우리 사회의 정치경제 철학의 근간을 다시 정의하게 만들지 않을까 추측해본다.

북한의 핵실험 발표가 있어도 요즘 서울시민들은 별로 동요하지 않는 눈치다. 한반도에 전쟁이 난다면 한국전쟁과 같은 재래식 전쟁이 아니라, 폭탄을 들이붓다시피 하는 현대전이 될 것이니 오히려 사람들을 무디게 하는 모양이다. '다 같이 죽는 판에 굳이 용 써서 뭐하겠냐'는 반응인 셈이다. 하지만 강남 아파트 가격이 반 토막 난다고 하면 언론과 정치권은 아마 핵실험 보도보다 더 크게 다룰 것이다. 정치권은 앞에서는 집값을 잡겠다며 생 쇼만 하고 뒤로는 호박씨 까는 정국이 몇십 년째 흐르고 있다. 군사정권을 거쳐 문민정부, 국민의 정부에 참여정부를 넘어 '747' 정부에 이르기까지 부동산 정책은 답보상태다.

다 아는 이야기니 이쯤 해 두고, 한국사회에서 주택문제는 자본주의 방식으로 풀어서는 안 된다. 즉 시장 기능에 맡겨두고 수요와 공급에 의해서 적정 가격이 형성되게 방임할 수는 없다는 말이다. 주택의 경우 건축해서 공급할 때까지 몇 년의 시간지연이 생기며, 구입가격이 너무 크다. 그렇기 때문에 정부의 지원 없이 시장의 수요 공급에 맡기면 시장이 왜곡된다는 것은 그동안의 경험에서 자명하게 증명되었다. 투기꾼을 솎아내는 일은 사실 의지만 있으면 가능한 일이다. 정부는 모든 사람들의 주민등록을 기록하듯이 개인의 토지와 주택의 소유현황을 일생동안 기록하는 것이다. 주민등록을 떼보면 그곳에 개인의 인적사항이 적히듯 몇 세에 어떤 부동산을 소유했다가 되팔았는지 이력을 모두 기록하는 것이다. 모든 부동산 매매는 신고제로 하며 주민등록에 오르지 않은 부동산소유는 법적으로 소유권을 인정해주지 않는 것이다. 이것은 등기소의 재산등기가 주소별로 되어 있는 것을 사람별로 다시 만드는 자료다. 그 자료에는 공시가와 구입 당시의 시가 등을 적게 하여 한 개인의 부동산 추적을 용이하게 할 필요가 있다. 우선은 어떤 법을 만들기 이전에 그 현황이 정확히 나와야 단속이나 세금추적의 실익을 얻을 수 있을 것이다.

부동산 문제가 해결되지 않고는 성실함이나 창의성을 기대할 수 없다. 돈이 좀 있다면 중소기업을 하기보다 빌딩 사서 세 놓으면 간단한데 왜 위험부담을 지고 기업을 하겠는가? 독자들은 '빌딩을 세놓는 것도 적법한 경제행위인데 왜 안 되나?'라는 질문을 해보고 싶을 것이다. 정말 몰라서 묻는다면 간단한 예를 들어보자. 우리나라의 총 국부를 계산하면서 부동산 가격이 비싸서 총국부가 높게 나오는 것 하고, 수출해서 외환보유고를 높여서 총국부가 많은 것과 비교해보라. 어느 상태의 국가경제가 더 건강한지. 부동산 가격은 국제적으로 교환가치가 없다. 즉 외국인들이 그 가격내고 아파트 사서 우리나라에 살지 않는다는 말이다. 하지만 외환보유고가 높고, 우리나라 화폐가치가 높아지는 것은 우리가 그 돈으로 외국에서 제품과 서비스를 사올 수 있는 능력이 커지는 것이다.

한국사회에서 부동산 불안정은 경제문제만이 아니라 정치문제요, 사회문제다. 아니 어쩌면 이념문제일 수도 있다. 주택문제 해결에 실패하면 한국경제이념인 자본주의는 심각한 도전에 직면할 것이다. 금리를 올리는 등의 땜빵 처분이 아니라, 주택과 토지에 대한 인식을 완전히 바꿀 수 있는 정책을 추진해야 할 것이다. 필자가 제안하고 싶은 부동산 정책들은 아래와 같다.

첫째, 앞에서 이야기한 것처럼 전 국민 주택소유현황을 집이나 주소지가 아닌 개인별로 조사한 통계를 만드는 것이다. 등기소에서는 행정요원이 컴퓨터에서 주소를 치면 그 주소지 건물의 현황이 나온다. 하지만 필자가 언급한 것은 행자부(동사무소)에서 행원요원이 개인의 이름을 치면 그가 소유한 주택현황도 바로 나오는 시스템이다. 행정부는 이미 이런 시스템이 구축되어있다고 주장할 것이다. 하지만 얼마나 손쉽게 조사될 수 있느냐가 관건이다. 특수한 목적에만, 이를테면 대통령이나 국회의원 선거후보의 재산조회에만 쓰일 수 있는 닫힌 정보는 소용없다. 자본주의에서 개인이 재산을 소유하는 것은 자유다. 하지만 그 재산을 숨길 수 있는 자유까지 주어서는 안 된다. 자본주의 사회는 적법한 개인소유의 권리는 최대한 보장해야 하지만, 동시에 그 현황이 쉽게 공개되게 제도를 갖추어야 한다. 탈세나 부당증여, 거짓담보능력 등을 막아야 경제적 안정성을 확보할 수 있기 때문이다. 그리고 이미 부동산실명제가 실시되고 있지만 민사상으로도 명의대여는 절대로 인정되어서는 안 된다. 다시 말하면, 친구 명의를 빌려 부동산을 취득했다면 친구의 소유로 인정해주는 것이다. 분쟁이 생기면 법원은 실소유주가 친구에서 무상증여한 것으로 처리하여 공짜 부동산이 생긴 사람에게 세금을 부여하면 그만이다.

둘째, 현재 1가구 1주택 정책을 1인 1가구제로 변경하는 것이 현실적이다. 면밀히 지켜진다면 1가구 1주택이 1인 1가구보다는 투기억제에 훨씬 효과적이다. 그러나 선의의 피해자들이 생길 수 있으며 정확한 관리도 힘들다. 요즘 이혼하는 가정도 많은데 혜택이 너무 차이나면 가짜로 결혼하거나 이혼하는 가정들이 증가할 수 있다. 그리고 현재의 집은 안 팔린 상태에서 다른 집으로 이사 갔을 때도 2주택 소유기간의 제한 때문에 건전한 서민들이 고민하는 사례도 많다. 예를 들면 35세 이상의 성인 남녀는 누구나 과중한 세금부담 없이 개인당 집 한 채를 소유할 수 있게 하고, 그 이상 소유자에게는 높은 세금을 물린다면 법적용에 무리가 없을 것이다. 무질서한 사회일수록 법조항 자체는 더 까다롭다. 그러다 보니 법적용에 지나친 융통성을 가질 수밖에 없어 법의 권위는 떨어지고, 차등적용으로 힘없는 서민들만 피해를 받게 된다. 마치 윤리가 엄격한 나라일수록 매춘이 더 많은 것과 비슷한 이치다. 보통사람들이 불편하지 않게 지킬 수 있는 범위까지 제도가 현실화되어야 한다.

셋째, 건설교통부에서 주택건설 부분은 떼어내서 '주택복지부'를 따로 구성하자는 것이다. 주택전담의 주무부서가 가격 안정, 세금 정책, 분양 정책, 분쟁 조정 등의 부동산 정책을 총괄함으로써 국민들의 가려운 곳을 정확히 긁어줄 수 있으면 좋겠다. 이제는 총 주택수가 총가구수를 넘어섰다고 하니 국가전체를 기준으로 하면 1가구 1주택을 초과달성한 시점이다. 그러므로 주택을 더 이상 건설 차원에서 접근하기보다 분배와 복지 차원에서 접근하는 것이 바람직하다. 이런 주택복지부는 언제쯤이나 만들어질까?

6.2.3 우리의 미래, 노인복지

유교문화에서는 나이가 중요하다. 나이를 큰 벼슬처럼 여기며 젊은 이들에게 버릇없다고 호통 친다. 하지만 이런 문화 때문에 오히려 나이 든 분들이 차별 당하고 손해 본다. 나이가 들수록 자리가 올라가야 한다. 그런데 너무 빨리 올라간 사람들은 더 이상 갈 데가 없어 아무 일도 못한다. 공직에서도 차관을 하다 나오면 갈 데가 많지만, 장관을 하다 나오면 갈 데가 마땅치 않다고 한다. 차관은 비슷한 서열인 정부산하 기관장으로 가면 되는데, 장관은 그들에게 명령하던 신분인데 낮추어 갈 수 없다는 것이다. 회사에서도 이사급 인사들이 그만둘 경우 전문직으로 남아서 일하면 좋으련만, 아래 사람들과 신임 이사가 불편해하기에 사실상 불가하다. 나이 먹었다고 대접해주는 척 하지만, 실제로는 내몰리는 것이다. 나이가 후진을 못하게 막는 사회다. 등산처럼 땀 흘려 올라가서 정상에 선 다음 천천히 내려오면 될 것을, 힘들게 올라간 후 절벽에서 떨어지고 만다. 어른을 제대로 대접하는 사회는 나이를 빌미로 밀어내지 않는 사회라야 한다. 요즘 한국사회의 정년은 너무 일러서, 자식들 공부시키고 난 후 자신의 노후를 막 신경 쓰려는 때에 직장에서 내몰리는 것이 현실이다. 그나마 아파트라도 하나 마련했으면 다행이지만, 집도 절도 없는 중산층 이하는 정말로 큰일이다.

정부는 충분히 책임지기 힘들어서 여전히 효도를 강조한다. 옛날처럼 부모로부터 농토를 물려받아 먹고 살던 시절이면 어느 정도 말이 된다. 하지만 독립해서 살아야 하는 핵가족 시대에 젊은 부부들은 자식들 뒷바라지만 해도 허리가 휠 지경인데 부모들까지 책임지라니 어깨가 더 무겁다.

노인복지를 위해서 사회는 우선 정년을 바꾸어야 한다. 무조건 정년을 늘리라는 것이 아니다. 보직정년은 짧게 하되 업무정년을 늘리자는 것이다. 다시 말하면 55세에 간부직을 관두어야 한다면, 평사원으로서 몇 년 더 근무할 기회를 주어야 한다. 엔지니어가 간부급으로 일하다가 55세에 정년을 맞아 그만 두었으면 평엔지니어로 보직 없이 실무를 하게 하는 것이다. 그들의 풍부한 경험을 완전히 무시한다는 것은 사회적으로도 손해다. 등산처럼 올라간 후 천천히 내려올 수 있는 기회를 주는 것이다. 월급도 서서히 내려오는 임금피크제를 실시하는 것이다. 이미 자녀들이 장성했으면 돈도 많이 안 들고, 큰 집도 필요 없기 때문에 월급이 내려가도 큰 문제없다. 조직도 본인도 이런 구조에 친숙해져야 한다. 젊은 매니저에게 직간접으로 지시를 받는 것에 자존심 상할 필요가 없다. 나이 든 사람은 경험과 지식은 많지만, 수많은 변수들을 빠르게 다룰 순발력과 추진력이 떨어지고 있다는 사실을 인정해야 한다. 또 조직에서도 그들의 경험과 식견을 인정하고 이용할 줄 알아야 한다. 비록 구태의연한 아이디어라 할지라도 그것은 분명히 과거에 통했던 엄연한 사실이기 때문이다.

그리고 정부는 이제 효도타령을 접고, 노인복지정책에서 자식들의 경제력을 감안한 정책 입안은 그만 두어야 한다. 노인은 누구의 부모이기 이전에 독립된 인격체다. 꼭 누구에게 붙어야만 존재의 가치가 있다는 것은 이미 복지정책이 아니다. 그 많은 예산을 한꺼번에 조달할 방법이 없으니 이해가 되지만, 불효자식보다 차라리 무자식이 낫다는 생각을 노인들이 가지시게 해서는 안 된다. 노인부양은 자식양육보다 결코 가볍지 않은 부담이라는 사실을 정부는 충분히 인식해야 한다. 젊은 가장들이 보다 가벼운 어깨로 출근하고, 세계인들과 경쟁할 수 있게 그들의 짐을 덜어주어야 한다. 그리고 노인들의 젊은 날의 수고를 국가가 인정해야 한다. 이제는 개인에게 그토록 강조했던 효도를 정부가 몸소 실천해보일 때다.

여기에서 필자가 제안한 노인대책을 정리해보면 첫째, 노인복지는 자식들의 부양능력과 별도로 독립되어야 한다고 했다. 둘째, 정년을 연장하고 임금피크제를 도입하여 사람의 인생이 무리 없는 등산처럼 힘들게 올라갔다가 서서히 내려올 수 있게 해주어야 한다고 했다. 셋째, 우리 사회가 그렇게 강조하는 효도를 이제는 정부가 나서서 몸소 보여줘야 할 때라고 지적했다. 유교사회에서 부모를 외면하는 것은 패륜이다. 개인은 자기 형편의 어려움을 이유로 부모를 돌보지 않는다면 패륜아로 몰린다. 정부가 예산부족을 이유로 노인복지를 확대하지 못하면 '이성적 패륜아' 라고 불려야 할 것이다. 심신 장애가 있거나 판단력이 모자란 패륜아가 아니라, 자기 이익에만 밝은 약아빠진 진짜 패륜아라는 말이다. 노인복지가 많이 향상되고 있지만 패륜아라는 지적을 피하기 위한 소극적 복지가 아니라, 우리 자신의 미래모습이라고 생각하는 적극적 자세가 필요하다.

6.3 유연성 없는 문화에서 창의력은 없다

우리 교육의 미래를 논하는 자리나 노벨상 어쩌고 하는 대담 프로그램이 열리면 단골 메뉴가 '창의력 개발' 이다. 기업총수도 교육수장도 앵무새처럼 부르짖는 단어가 창의력이다. 필자는 이런 보도를 접할 때마다 이제는 짜증이 난다. 너무 빤한 이야기를 진지한 고민 없이 그저 토해내는 것 같아 보이기 때문이다. 창의력이 필요하다는 기업의 근무환경을 보자. 낮 근무시간은 전체주의적 조직문화, 상명하복으로 보내고, 저녁에는 인화단결을 위해 전체회식을 가야 하는 문화에서 창의성이 생길 수 있는가? 삼성그룹은 수년 전에, 교통체증을 피한다며 아침 일찍 전 직원을 출근시켰다가 일찍 퇴근시키는 '혁명' 을 단행했다가 얼마 안가서 폐지했다는 이야기를 전 동료에게 전해 듣고 쓴웃음이 나왔다. 사람마다 아침형 인간도 있고 부엉이형 인간도 있다. 각자의 살아온 방법과 스타일은 오늘로 잊어버리고 이제는 우리 조직의 요구에 맞추라고 했다가 얼마 후 그 요구 자체가 바뀐다면, 창의력이 아니라 적응력이나 임기응변력을 요구하는 조직이다. 실제 한국기업들이 요구하는 능력이 이런 것이다. 하지만 어떤 사전을 찾아봐도 창의력과 적응력이 동의어로 나오지는 않는다. 창의력은 약간의 자폐증을 동반할 수밖에 없다. 자기가 관심 있는 부분은 아주 크게 보고, 다른 부분은 작게 보거나 아예 못 보는 것이 창의력을 가진 사람들의 특성이다. 반면 적응력이 뛰어난 사람들은 자신에 충실하기보다 주위 상황을 잘 파악하고 거기에 자신을 맞춘다. 둘 다 조직에 필요하지만, 우리에게는 적응력이 훌륭한 인재들은 많은 반면 창의력이 뛰어난 인재들은 적다.

기업은 그렇다 치고, 대학은 어떤가? 사회의 요구와는 무방하게 수십 년 된 교과과정을 그대로 운용한다. 그러면서 기초가 중요하며 기본은 세월이 지나도 안 바뀐다고 주장한다. 기본만 잡아두면 나머지는 사회에 나가서 적용가능하다고 말한다. 기본이 중요하다는 것은 백번 맞는 말이다. 하지만 기본을 가르치면서 그 기본이 어디에 적용되고 있는지의 예제는 세월과 함께 업데이트되어야 진짜 실사구시 학문이다. 기본을 모르는 학자는 없다. 얼마나 실 상황에 기본을 잘 접목하느냐에 따라 학자의 레벨이 나뉜다. 창의력이란 기본이론을 현실화, 가시화하는 능력이다. 기본이 여러 가지 예제로 현실화될 때 그 이론 자체에 대한 더 많은 영감이 얻어지며 더 깊이 이론을 이해할 수 있게 된다. 국내대학들은 이런 고민이 약하다. 외국의 저명한 대학교재들을 보면 10년 이상에 걸쳐 10판 이상이 나오고 있으며, 3판 정도가 지나면 거의 다른 책처럼 상당히 많은 새로운 예제들이 추가된다. 요즈음은 논문 쓰느라 교수들이 강의를 뒷전으로 한지 오래 되었다. 논문 숫자로 교수들의 파워와 돈줄이 정해진 후에는 논문 대량생산에 바쁘다. 전혀 관련 없는 사람들도 서로 주거니 받거니 논문에 이름을 얹혀준다. 이러니 교육부처는 대학들의 자정능력을 믿지 못하여 자율권을 부여하기 싫어한다. 대학입시는 소수점 둘째자리까지 계산되어 당락을 결정하지만, 그렇게 입학한 학생들은 4년 동안 별다른 지적 도전 없이 왔다갔다하다가 졸업한다. 이런 기업과 대학을 그대로 둔 채 창의력 있는 인재를 찾는 것은 정말 우물에서 숭늉 찾는 격이다.

우리 사회의 창의력 타령은 남북통일론과 비슷하다. 실제 통일은 바라지도 않고 준비도 안 되어 있지만 정치 슬로건으로 부르짖는 '우리의 소원' 말이다. 정말 우리는 창의력 있는 인재를 원하는 것일까? 창의력 있는 인재를 키우기는커녕 이미 만들어진 인재가 있다고 해도 알아볼 수나 있는 것일까? 창의력도 있으면서 동시에 군인처럼 기계적으로 움직일 수 있는 사이보그를 그들은 원하고 있는 것이다. 이 세상에 존재하지 않는 인간 말이다. 창의력 있는 인재는 거의 대부분 구태의연한 규정들에 매이는 것을 싫어한다. 건방져서가 아니라 태생이 그렇다. 그런 인재들이 엄격한 선후배 문화 아래에서 자유롭게 아이디어를 말할 수 있을까? 사회가 창의력 있는 인재를 원한다고 하면서도 그들을 키울 준비도, 맞아들일 자세도 안 되어 있다. 그러면서도 기회만 있으면 대한민국의 미래를 위해 창의력 있는 인재가 필요하다는 합창을 해댄다. 이런 합창은 음악이 아니라 짜증스런 소음이다.

아마 여기까지 읽은 독자들은 필자에게 질문하고 싶어질 것이다. 비록 기업이나 대학들이 충분한 여건을 못 갖추었다고 하더라도 여전히 창의력 있는 인재는 필요한 법인데, 그렇게 험하게 비판할 필요까지 있는지 묻고 싶을 것이다. 사실 필자의 역정에는 다른 이유가 있다. 창의력 타령을 하는 사람들의 심리에는 한탕주의가 있기 때문이다. 이제 우리가 IT에서는 어느 정도 패권을 쥐었지만 노력한 만큼 돈이 안 벌리고 있다. 그래서 한 방에 이 문제를 해결해 줄 천재를 찾다보니 창의력 이야기가 나오는 것이다. 새로운 아이디어 창출이나 신상품 설계가 가능한 인재가 그립다는 것이다. 당연한 말이지만 너무 안이한 시각이다. 현재 우리가 가진 교육과 사회의 기반구조를 바꾸지 않고는 창의력 있는 인재가 키워지기도 어렵고, 설사 키워졌다고 하더라도 그들이 국내에서 생존하기가 쉽지 않다.

인간의 지적 활동은 암기에서 출발한다. 그 다음은 암기로 늘어난 지식을 서로 결합하여 종합적으로 이해하는 수준에 이른다. 종합적 이해능력을 갖추면 배운 것과 조금 다른 상황들을 만나도 적용하여 해결해나간다. 그 다음 단계로는 종합적 이해로 결론을 유추해보며 새로운 실험을 시도해본다. 새로운 화학약품을 섞어보기도 하고, 새로운 기능을 가진 기구를 만들어보기도 하고 서로 다른 회로를 연결해보며 교과서에 없는 지식에 도전해보는 것이다. 이런 과정을 거쳐서 창의력이 길러진다. 하지만 우리나라 사람들은 '일갈'을 좋아한다. 과학의 대가들이 끊임없이 연역과 귀납을 오가며 퍼즐을 맞추어 진리에 이르렀지만, 우리는 그들이 한방의 직관으로 모든 것을 푸는 천재적 해법을 사용했을 것이라고 생각한다. 그래서 뉴턴은 떨어지는 사과만 바보처럼 보고 있다가 갑자기 득도한 것처럼, 아인슈타인은 꿈속에서 한 방에 상대성 이론을 풀어낸 것처럼 꾸며내기를 좋아한다. 하지만 실제는 그렇지 않았고, 천재들에게도 힘겨운 노정이 있었다. 창의적 인재도 실패를 관용하는 이런 실험정신 속에서 키워진다. 하지만 우리 사회는 아직도 암기력이 정상의 능력으로 평가되는 사회다. 대입과 고시는 아예 암기력 경시대회다. 심지어 논술까지도 모범답안을 쓰는 연습을 한다. 암기력 이해력 응용력 창의력 순서로 이어지는 단계에서 가장 초보인 암기력을 최고로 치는 사회에서 창의력 타령은 정말 공염불이다.

창의력은 그냥 접어두자는 말이 아니다. 창의력을 키우기 이전에 먼저 필자가 앞에서 제시한 단계를 밟아야 한다. 교과과정이 암기력에서 수직 상승해서 곧바로 창의력으로 갈 수는 없다. 최소한 암기력 중시의 사회에서 종합적 이해력과 응용력 그리고 무모한 실험정신까지를 관용할 수 있어야 창의력에 이른다. 교육자들은 위의 단계들을 따라 인재를 끌어올리려는 노력을 해야 한다. 농경사회이던 우리나라가 제조업 단계를 충분히 거치지 않고 곧바로 정보통신 사회로 건너뛰다 보니 암기력에서 곧바로 창의력이 요구되는 시점으로 이동하게 되었다. 그러나 솔직히 이야기하면 우리나라에 더욱 필요한 인재는 종합적 이해력을 가진 인재, 적용력이 뛰어난 인재다. 우리가 표준을 만들어 전 세계에 강요할 수만 있다면 최선이겠으나 그것은 이상일 뿐이다. 이념에만 매달린 창의력 타령을 하기 전에 전 단계부터 차분히 밟아나가야 할 것이며, IT에서의 패권을 논하기 전에 고급제조업에서 강해야 산다. 구글, 마이크로소프트, 인텔에 견줄만한 IT 강자를 키워내야 한다고 호언하는 무리들은 '구라꾼' 이다. 체형이 작은 야구선수는 홈런보다 안타를 잘 치도록 연구해야 한다. 야구경기 승패는 홈런을 몇 방 치느냐가 아니라, 누가 점수를 더 많이 내느냐로 정해진다는 기본 룰을 망각해서는 안 된다. 그리고 정녕 창의력 있는 인재들을 키우고 싶으면 기업들은 상명하복의 기업문화를 바꾸고 대학들은 권위적 선후배 문화와 내 새끼만 감싸는 동종교배의 불륜도 벗어나야 한다. 이런 노력 없는 창의력 타령은 깊은 우물에서 숭늉을 길어 올리려는 헛된 두레박질이다.

6.4 소수 천재사회보다 다수 시민사회를 지향하자

우리 경제가 잘나가기 시작한 이래로 한국사회에서 계층화는 깊어졌으며 서로간의 반목이 심하다고 한다. 외국에 살고 있는 필자는 그 실체를 피부로 느낄 여지는 없으나, 인터넷 신문들을 통해 보는 서로 간의 입장과 거리가 상당히 멀어 보이는 것이 사실이다.

지역 간의 동서갈등은 항상 선거에서 표심을 결정하는 중요한 정치적 이슈다. 좌와 우 또는 진보와 보수의 대립도 타협점을 찾기 힘든 갈등이다. 한데 이 두 가지 지역 및 이념 갈등은 차라리 애교일 정도로 돈 많은 층과 가난한 층 간의 골은 정말 깊다. 옛날처럼 대부분이 가난하고 아주 소수만 부자인 시대도 아니며, 요즘 부자들은 자신들이 흘린 땀으로만 돈을 번 사람들도 아니기 때문이다.

여기에 추가하여 급격한 세대차이도 염려스러운 갈등의 진원지다. 요즘 세대는 몇 년 단위가 아닌 6개월 단위로 나뉜다는 농담도 들은 적이 있다. 그 정도야 아니겠지만, 세대가 좀 더 잘게 나뉘는 것은 사실이고, 늙은 세대와 젊은 세대가 겪는 사회적 환경은 상당히 다른 것이 사실이다.

위에서는 동서지역 갈등, 진보 보수 간의 갈등, 재산정도에 의한 빈부갈등, 나이에 따른 세대 간의 갈등의 네 가지를 언급했는데, 앞의 두 가지는 이미 존재하여 그대로 이어져온 갈등이라고 볼 수 있겠지만, 뒤에 언급된 빈부와 세대 간의 갈등 두 가지는 IT 시대가 도래하면서 심화된 갈등이라고 생각된다.

정보화 시대는 부동산과 증권동향 분석의 차별화를 만들어 내었다. 사실 한국사회에서 존경보다는 질시를 받는 졸부들 대다수는 부동산과 증권으로 만들어진 부자들이다. 부동산이야 오래된 고질병이라고 말할 수 있지만, 증권은 정보화 시대가 만들어낸 기형적 도박판이 안방까지 침투한 경우다. 장기투자용으로 증권을 사서 지긋하게 기다리는 사람들을 보기는 어렵고, 사시나무처럼 달달 떨며 오르내리는 그래프에 하루하루 목을 매는 투자자들이 다수다.

세대 차이는 요즘 나온 각종 IT 도구들에 의해 더욱 조장되었다. 옛날처럼 아빠와 아들이 장기도 두고 바둑도 두던 '가족오락관' 문화를 아직도 지니고 있는 가정은 천연기념물이 되어가고 있다. 각종 새로운 게임에 현혹되어 컴퓨터 앞에만 앉아있는 아이들에게 부모들이 제대로 접근하여 말을 걸기란 쉽지 않다.

자신의 자녀들이 무슨 생각을 하고 사는지 알기가 정말 어려운 시대다. 없어도 되는 기구들이 너무 많이 애들의 정신과 시선을 빼앗아 가기 때문이다. 그리고 어린 나이에는 그런 게임이나 기구들이 자신의 인생에 별로 가치 없는 일인지 알기가 어렵다. 세대 간의 소통은 날이 갈수록 어려워지고 있는데, 어른들이 IT 시대를 따라가는 속도가 너무 늦은 탓이기도 하다.

사회가 여러 가지로 계층화되다보니, 이제는 더 높고 편한 계층으로 이동하기 위해 경쟁이 치열하다. 자신의 먹이를 찾아 빠르게 움직이면서 동시에 강한 자의 먹이가 되지 않기 위해 눈치껏 잘 피해야 하는 정글의 살벌함이 그대로 사회에 투영되었다. 그래서 아마도 계엄을 선포하고 사설학원 입구를 공수부대가 지키지 않는 한, 사교육을 잡기는 어려울 것이다. 약자는 한없이 밟히는 반면, 강자는 많이 누리면서도 편한 것을 부모들이 이미 눈으로 봤고 몸으로 체험하며 살고 있기 때문이다.

이런 지경인데도 우리는 자연스럽게 천재론을 들먹이고 있다. 이건희 회장 입에서 나온 말이었지만, 사실은 모든 부모들이 원하는 자기 자녀들의 미래모습이다. 천재라고 말하기는 어렵지만, 잘나간다는 전문경영인들이 받는다는 연봉과 주식지분은 일반인들이 감히 생각하기도 어려운 숫자들이다. 실업문제가 시급하다는데 고용은 쉽게 늘리지 못하면서, 그들 개인은 그 많은 돈이 도대체 왜 필요한 것일까? 전문경영인까지는 안 되어도 잘나가는 전문의나 이름 있는 로펌의 변호사들의 연봉도 일반인들이 상상하기 어려운 것이다.

이러니 당연히 이공계는 기피대상이고, 이도저도 불가한 사람들은 차라리 로또라도 사서 마음의 안정을 찾아야 할 것이다.

천재론을 들여다보면 정말 그럴듯한 이론으로 포장되어 있다. 손발이 고생해서 어렵게 벌 것 없이, 동남아와 인건비 경쟁이나 할 것 없이 빌 게이츠 같은 한사람의 천재가 우리에게 나타나서 다 먹여 살리면 얼마나 좋은가? 하는 것이 천재론의 요지다.

과거 광복을 보지 못하고 돌아가신 이육사님의 시 '광야' 속의 초인론과도 일맥상통한다. 천재는 머리를 제공하고 나머지 사람들은 수족을 제공하여 최고의 IT 왕국을 만들자는 것이다. 꼭 IT가 아니어도 좋다. 첨단산업이라면 생명공학도 좋고, 나노테크놀로지도 좋고 어느 분야나 OK다.

그렇게 등장했던 초인 중에 한 명이 황우석 박사였던 것 같다. 줄기세포는 접어두고, 최근 미국산 쇠고기 수입문제로 촛불집회니 PD수첩이니 온 나라가 시끄러울 때도 왜 그 옛날 황박사가 개발했다는 '광우병 안 걸리는 소' 이야기는 안 나왔는지 모르겠다. 그 한방으로 모든 것이 해결될 터인데 말이다.

언론보도를 추적해봤더니, 광우병 안 걸리는 소는 '광우병 내성소'로 이름이 슬쩍 바뀌어 있었다. 즉 '광우병 (아예) 안 걸리는 소'에서 '광우병 잘 안 걸리는 소'로 이름을 개명한 것이다. 줄기세포 특허를 팔기 전에 광우병 내성소 특허만 팔았어도 미국산 쇠고기 파동은 없었을 터이고 웬만한 대기업 수출액은 쉽게 벌었을 것이며, 노벨상도 떼어 놓은 당상이었을 것이다.

아무 증명도 없었고 근거도 빈약하며 외국 전문가들이 인정해주지 않는 사기행각이요, 언론과 연구진, 그리고 초인을 목말라 하는 우리 사회가 벌인 촌극이라고 아니할 수 없다.

그리고 보니, 정보통신 시대가 도래하면서 유난히 떴다가 지는 별들이 많고, 그 수명도 너무나 짧으며 부침이 드라마틱하다. 그들 중에는 아직 나이가 어려서 갈 길이 구만리 같은 연예인이나 스포츠 스타 그리고 전문가들이 많은데 그들의 앞날이 참으로 걱정이다.

산업에서도 한 방을 바라는 요행수는 로또에 못지않은 것 같다. 누군가 천재가 한 명 나타나서 우리를 다 먹여 살려 주기를 바라는 것이다. 그래서 언제부터는 언론에 미국 명문 대학에 입학한 학생들을 띄워 천재를 만들고, 국내에서나 잘 나가는 학자들이 받을 노벨상을 상상해보기를 여러 해였지만, 그들 중 우리를 다 먹여 살릴 사람들은 아직 나오지 않았다.

그런 천재론은 진정한 초인을 불러오기보다는 지나친 경쟁의식만 부추겼다. 학교와 기업체 속에 공동체 정신은 간 곳 없고 죄다 경쟁만 남았다. 소수점 아래 두 자리까지 끊어서 당락을 결정하는 대학입시를 두고 천재와 창의성을 논하는 코미디도 여전하고….

설사, 빌 게이츠 같은 몇 명의 천재가 우리 사회에 나타났다고 하자. 그리고 그들이 엄청난 부를 만들어 온다고 하자. 그 다음은 어떻게 될 것인가? 그들이 번 부를 골고루 나눌 수 있는가? 공산주의 이념이라고 기득권들이 당장 난리를 칠 것이다. 파이를 나누기 전에 먼저 키우자는 설을 주장하던 기득권자들은 아직도 파이가 나눌 만큼 커지지 않았다고 한다. 그리고 그들은 파이가 아무리 커져도 나눌 만큼 크지는 않다는 주장을 계속할 것이다. 설령 나눈다고 하면, 그 소수의 천재들이 경제에서 차지하는 비중이 지나치게 커져서 결국 정치에 영향력을 행사할 것이고, 정경유착은 더욱더 심해질 것이다. 벌써 몇 개의 거대그룹에 의한 한국경제의 영향력이 그 지경이다. 그들이 어떤 나쁜 짓을 해도 사실상 감옥에 넣기는 불가하다. 국민들의 고용과 국가경제라는 목줄을 쥐고 있기 때문이다. 겉으로 보기에는 엄청 잘나가는 사회인데, 속으로는 갈등의 골이 엄청 깊은 사회가 될 것이다.

사회가 정보통신화로 진행될수록 빈부격차는 커진다. 그리고 천재론은 아주 쉽게 착취론이나 소외론으로 변질된다. 사회구성원들의 연대감이 저하된다. 기득권층에만 속하면 문제없다고 자위하고 싶은가? 더 열심히 일해서 위로 올라만 가면 그만일 것 같은가? 좋은 차를 세워두면 못으로 긁어버리고, 심지어는 소외된 분노를 거리에서 풀려고 아무나 칼로 찌르는 계층들이 생기면 그때부터 소유는 아무 것도 아니다.

나누는 사회는 저소득층만을 위한 것이 아니다. 안전을 담보 받지 못하며 존경받지 못하고 누리는 부는 의미가 없다. 그런 곳에서는 자손만대 행복하게 살 수가 없다. 이민가지 않고 이 땅에서 살려면 다 같이 잘 사는 사회가 좋다. 똑같이 잘 살 수는 없는 일이나, 극단적 빈곤은 없는 사회를 만들어야 한다.

그리고 극단적 빈곤을 면하는 방법도 소수 천재들이 벌어서 던져주는 동냥 같은 돈으로 면하는 것이 아니라, 자기가 손수 벌어서 가난을 면하게 해주는 사회가 건강한 사회다.

박정희 시대를 그리워하는 사람들은 그 시대의 통금과 장발단속, 미니스커트 단속을 추억하는 것이 아니다. 상관없는 유행가 가사마저 정치적으로 해석하여 금지곡 도장을 남발하던 권력의 광기나 코미디가 그리운 것도 아니다. 그 시대에 다 같이 열심히 일하던, 그래서 비교적 골고루 누리던 공동체적 사회가 그립기 때문이다.

그 시대는 제조업 시대였다. CEO도 작업복을 입고 동일한 사원식당에서 점심을 먹던 시절이었다. 그렇다고 무지막지했던 당시의 밀어붙이기식 제조업으로 돌아가자는 제안이 아니다. 이제는 다같이 참여하되 더 수준이 올라간, 더 기술이 집약된 제조업으로 나아가자는 이야기다.

광복된 지 반세기도 넘은 시점에 초인을 아직도 기다릴 필요가 없다. 이제는 초인이 아니라, '큰 바위 얼굴'을 만들고 또 우리가 큰 바위 얼굴이 되어야 할 시대다. 일상에서 열심히 노력하며 서서히 만들어지는 리더가 큰 바위 얼굴이다. IT 산업의 단골구호, '세계 일위가 아니면 아무도 기억해주지 않는다!'는 슬로건에 겁먹거나 부담가질 필요가 없다. 왜냐하면, 이 구호는 가짜 슬로건이기 때문이다. 미국과 러시아를 제외한 수많은 나라들이 2등, 3등하는 대도 잘 먹고 산다. 우리 석차가 일등일 필요는 없다. 상위권이면 된다.

반면 고유한 문화와 기술은 가져야 한다. 우리만의 독자적 특징은 반드시 필요하다. 이런 솔직한 현실감각 없이 일등만 부르짖는 나라들은 다 인류역사에서 대죄를 지은 사고뭉치들이었다. 냉전 속에서 미국과 소련이 그러했고, 그 전에는 아리안의 혈통적 우수성을 주장하던 독일이 그러했고, 지금은 신의 선택을 받은 유일한 민족이라고 우기는 이스라엘이 그러하다. 자기들의 우수한 문명을 아시아에 널리 전하려고 '진출'한 일본에게 그렇게 당하고도 주위 이웃 나라들과 상생하지 못하는 성적 지상주의적 일등이 될 필요가 없다.

IT의 최면술에 정신이 팔려, 방향도 모르고 무작정 달릴 필요가 절대로 없다. 근세 이후 들이닥친 외세로 인해 입에 붙은 구호, '빨리빨리'식 스타일을 자손만대 물려주며 그렇게 자식들이 허겁지겁 쏜살같이 삶을 살기를 바라는 사람들은 없을 것이다.

참여사회와 시민사회는 제조업이 주를 이루는 사회에서 가능하며, 이런 사회가 훨씬 건강한 사회다. 성실한 거북이 제조업은 은근과 끈기를 주특기로 하던 우리 고유문화와도 잘 맞는다. 분배정의를 실현한

답시고 변죽만 잔뜩 울리는 사회가 아니라, 분배가 고용과 노동에 의해 자연스럽게 실현되는 사회를 만들자는 것이다. 제조업을 포기할 수 없는 이유가 여기에 있다. 더욱더 진보된 고급 제조업에 우리사회의 미래 희망이 있다.

산업구조 개선을 위한 대책

결론장인 이 부분에서는 앞으로 한국이 나가야 할 산업의 방향을 논하였다. 갈수록 미래가 불확실하여 더욱더 사람들을 불안하게 만들지만, 그렇다고 너무 겁을 먹거나 비관적으로 생각할 필요는 없다. 과거에 더 어려운 고비들을 잘 넘어 온 우리 민족은, 약간의 혼란은 있겠지만, 단합된 모습으로 지혜롭게 어려움을 극복할 것이다. 기본적인 부분을 충실히 하고, 필자의 제안에 귀를 기울인다면, 훨씬 더 효율적인 대책을 마련할 수 있을 것이다.

지금은 연구개발 정책의 아노미 시대 : 올인 정책을 버리고 다극화 정책으로 전환해야

반도체 산업으로 시작된 우리나라의 정보통신 산업은 휴대전화, 액정, 플래시 메모리로 이어지며 최고의 자리를 굳혔다. 이제 외국에서 우리나라 IT와 가전제품은 오히려 일제보다 더 비싼 가격에 팔리는 것이 많다. 그런데 말이다. 시장 점유율과 브랜드 이미지를 엄청 끌어올렸는데도 돈이 별로 안 벌리기 시작한 지 꽤 오래되었다. 서구의 강자들이 자기들을 추월했다고 엄살부리며 삼성을 띄우고 LG를 높여서 국내기업들 어깨에 한껏 바람만 들어갔다. 미국에서 시작된 것이 금융위기인데, 엉뚱하게 한국이 머리에 얼음 얹고 드러누우려는 모습도 이상하다. 그럭저럭 잘 나간다고 믿고 있는데 왜 미국 발 충격이 그대로 전해지는가? 다른 재래식 산업과는 다르게 IT는 출시 후 얼마 안 가 가격이 금방 떨어지기 때문이다. 그래서 돈을 벌려면 인간세상이 처음 경험하는 제품들을 시장에 선보이고 짧게 바짝 수금을 한 후 다른 나라에 물려주고, 또 새로운 물품을 내어놓아야 한다. 문제는 우리가 먼저 수금하고 빠지는 선발주자가 아니라, 이미 알맹이를 다 빨아먹은 시장에 늦게 뛰어든 후발주자라는 점이다. 기대만큼 수익이 높지 않은 이유다.

정부는 벌써 이런 낌새를 눈치 채고 다른 활로를 모색해 보았었다. 그래서 거의 10년 동안 나노와 바이오에 엄청난 연구비를 지원해왔다. 그 즈음에 나노, 바이오가 안 붙으면 연구비를 따오기 힘들었다. 오랫동안 돈을 부었지만 나노는 10억분의 1이라는 그 의미처럼, 결과가 너무 작아서 거의 안보이고 있다. 다른 연구 분야를 필자가 비판하는 것은 조심스럽고 상도의에도 어긋나는 일이지만, 한편으로는 용감한 짓이기도 하다. 자기 분야 연구비를 더 높이기 위해 남을 비판하는 것이라면 비겁한 일이 될 터이고, 혈세낭비를 줄이기 위해 다수를 적으로 삼을 용기를 가지고 언급한다면 용감함이 될 것이다. 물론, 이런 용감함은 어느 정도 무식해야 가능하다. 필자의 경우는 무식하기도 하고, 용감하기도 한 경우일 터인데, 본심을 표현한다면 나노 연구는 한 마디로 오버다. 몇 명 안 되는 소수가 첨단과학이나 노벨상을 겨냥하는 연구라면 의미가 있지만, 모두가 나노 간판을 달고 장사한다면 과다경쟁이므로 규제에 나서야 한다.

황우석 사태는 정보통신 후 그 다음으로 옮겨갈 메뉴가 마땅하지 않은 마당에 바이오를 대안으로 생각한 정부가 전폭지원하면서 불거진 비극이었다. 이 역시 오버가 적지 않았지만, 솔직히 나노보다야 훨씬 현실적인 주제였다. 하지만 거동이 불편한 연예인을 휠체어에 태우고 나와 걷게 하겠다는 발언에 이르러서는 거의 사이비 종교 수준까지 가버렸다. 상식적으로 생각해보자. 세포를 배양해서 잃어버린 다리를 다시 만든다면, (못할 것도 없어 보이지만) 그 세포가 자라서 잘린 다리만큼 자란 후에는 어떤 메커니즘으로 거기서 성장을 정확히 멈추게 할 것인가? 인간의 좌우사지가 비대칭으로 20% 더 자라버려도, 장애의 정도가 아주 심하게 된다. 한쪽 다리가 80cm인 사람의 다른 다리가 자라서 1미터가 된다면, 그런 짝짝이 다리로 사는 것은 한쪽 다리 없이 사는 것만큼 불편할 뿐 아니라 위험하다. 과학적으로는 너무나 많은 산을 넘어야 가능할 일을 마치 예수님이 앉은뱅이더러 '일어나 걸어라!' 라고 한 명령처럼 쉽게 접근했다.

이제 나노도 바이오도 약간 수그러진 마당에 나온 것이 녹색성장이다. 운하를 버리고 환경으로 바꾸었다가 에너지까지 포함한 '녹색성장' 의 시나리오는 정말 시대의 분위기에 잘 어울리는 콘셉트이다. IT에서 나노-바이오를 이어 녹색까지 신속하게 변해온 한국정부의 시류

감각은 탁월하다. 하지만 불행하게도 과학기술의 성숙을 위해 필요한 시간은 정부의 시계보다 훨씬 늦게 간다. 5년 단임기간동안 가시적 성과를 보고 싶어 안달하다가는 녹색이 까만색이 되든지, 제2의 황우석 사태가 도래할 확률이 높다. 열심히 하려는 의욕이 넘치는 것은 좋은 현상이나, 마무리 없이 계속 메뉴를 바꾸는 것은 설익은 밥이 뜸 들고 있는 시간을 못 기다리고 부뚜막에 새 밥을 또 얹혀놓는 것 같아 보인다. 왜 그럴까? 그만큼 우리의 현주소가 불안하기 때문이다. 새로운 시대는 문화만이 아니라 산업에서도 가치관을 흔들어 놓은 아노미(Anomie)의 전형이다. 이 혼란스러운 시대에 무엇이 살 길인지 열심히 찾는 정부는 투구 폼이 좀 특이하다 싶으면 일단 구원투수로 마운드에 등판시켜보고 싶을 것이다.

국민소득 1만 불은 넘었는데, 2만 불 고지가 잘 안 넘어지고 있다. 수출총액 20위권 안에 든 지도 오래전인지라, 10위권 안으로 들어가려고 하는데 문턱에서 번번이 미끄러져 11~12위를 왔다갔다하고 있다. 20년 전인 1988년에 우리나라의 수출 세계 순위는 11위였다는데, 20년 후인 2008년에는 한자리 더 물러나 12위를 했다고 한다. 이 교착상태를 확 뚫고 올라서고 싶은 것이 정부의 심정이다. 하지만 바쁠수록 돌아가라고 했다. 다른 곳으로 시선을 한 번 돌려보자.

우리가 첨단을 향해서 위만 보고 갈 때 국내시장에는 무슨 일이 생겼는가? 인간으로 태어나면 2년 동안 필수적으로 차는 기저귀, 12세 이상에서 폐경기까지 모든 여성들의 필수품 생리대, 사춘기에서 시작하여 죽을 때까지 남자들이면 누구나 사용하는 면도기를 모두 외국제품들에게 시장을 내주었다. 예로 든 이 3가지 품목은 정부의 관심과 기업의 노력이 있었다면 충분히 지킬 수 있는 시장이었다. 과거 아줌마들이 일본에 가기만 하면 일제 코끼리표 전기밥솥을 사들고 귀국하는 통에 사회문제가 된 적이 있었다. 텔레비전을 보던 당시 전두환 전 대통령은 관계 비서관을 시켜 국산개발을 지시했다고 한다. 그 몇 년 뒤 우리나라 아줌마들은 일본으로 관광을 나가도 전기밥솥은 쳐다보지도 않는 경지에 이르렀다. 말 그대로 정부의 관심과 기업의 노력으로 우리 시장을 지켜낸 결과다. 그 후 유학생들이 출국하기 전 준비물 리스트 1호는 국산 전기밥솥이다. 이런 일화를 들추어보면 남은 재산이 몇십만 원도 안 된다고 주장하는 독재자 아래의 정권보다 요즘 정부의 현실감각이 더 떨어지는 것인지 정말 민망스럽다.

사양 산업이라고 일찍 접었던 운동화는 80년대에서 90년대까지 우리가 세계 최고의 기술을 가졌다고 했다. 그런데 우리는 공해산업으로 단정 짓고 미처 꽃피우기 전에 자진해서 일찍 접었다. 르까프, 프로스펙스 등의 브랜드 이미지가 세계시장에서 막 자라려는 시기에 정부의 관심도 기업의 노력도 줄어들었고, 신발연구소까지 있던 부산지역의 경기도 동반하락 했다. 거의 20년 후에 지금은 온통 나이키 세상이 되었다. 조금만 더 지긋하게 들고 있어도 될 카드를 일찍 던져버린 것이다. 야구의 승패는 어느 팀이 더 많은 점수를 내느냐로 갈리는 것이지,

누가 더 큰 홈런을 때렸느냐로 나는 것이 아니다. 마찬가지로 경제에서는 돈을 얼마나 많이 버느냐가 중요하지, 기술이 재래식인지 첨단인지는 중요하지 않다. 화려하고 폼 나는 것만 찾아서 움직이다 보면 실속 없는 속 빈 강정 꼴이 날 뿐이다.

아쉬운 것은 또 하나 더 있다. 옛날에 삼천리표 자전거가 유명했다. 그런데 어찌된 일인지 요즈음은 국내 자전거 시장의 90%가 외제란다. 국내 브랜드마저 고급은 90% 이상 외국 부품을 사용한다고 한다. 동남아를 나가 본 사람들은 엄청나게 많은 자전거와 소형 오토바이를 보고 놀란다. 지금은 동남아에서 자전거 오토바이가 자동차로 바뀌어 가고 있지만, 유럽에서는 여전히 자전거가 엄청난 인기여서 2백만 원이 넘는 고가 자전거들이 수두룩하다. 무게 대비 가격으로 따져보면 자동차보다 훨씬 비싸다. 자전거 역시도 자동차로 올인 하면서 무시한 산업이었다. 과거에 대림 같은 회사는 오토바이나 스쿠터 시장에서 상당한 영향력을 가지는 듯했지만, 어찌된 일인지 외국에서는 일본 오토바이들만 굴러다닌다. 그렇게 시시해 보이던 자전거, 스쿠터 시장이 이제 녹색성장이니 고유가 시대니 하면서 다시 주목을 받고 있다. 산업도 무조건 위로만 발전하는 것이 아니라 윤회한다. 물론 다시 돌아왔을 때는 보다 더 발전된 기술이 결합되어 약간 달라지지만 기본은 여전하다. 남자들의 넥타이가 넓어졌다 좁아졌다 하고, 여자들의 치마가 내려왔다가 다시 올라가기를 반복하는 패션계의 윤회처럼 기술도 크게 다를 것 없이 윤회한다.

한국의 2008년 수출총액은 약 4,200억 달러인데, 가장 많이 기여한 부분은 IT도 아니고 자동차도 아닌 조선업이었다. 과거 조선업 주식은 겨우 몇백 원이었으며 파업과 노사갈등의 골이 깊어 골치 덩어리 회사들이었지만 지금은 최고 효자 노릇을 하고 있다. 만약 그때 고부가가치 산업이 아닌 노동집약 산업이라고 조선업을 모두 중국이나 인도에 매각처분했더라면 오늘날 한국산업이 어디에 서 있을까? 생리대와 면도기 시장쯤은 내줘도 된다고 호탕하게 말하는 사람들도 이 대목에 이르면 오금이 저릴 것이다. 다행인 것은 우리나라가 가전제품 시장을 계속 유지한 것이다. 첨단 IT 시대에 넋이 팔려 있는 동안에도, 재래식 가전시장은 왜 계속 유지했는지는 필자도 배경을 잘 모른다. 아마도 김치냉장고 등의 신제품이 나오면서 시장에 활력을 주었고 고급화에 성공하여 매출 대비 이익에서 나쁘지 않은 탓일 것이다. 하지만 냉장고와 에어컨은 세계시장에서 고급품으로 인정을 받는 반면 국산 세탁기나 믹서, 전기면도기 등은 외국시장에서 존재감이 거의 없다. 냉장고와 에어컨에는 컴프레서라는 기계장치가 중요하다. 반면 세탁기나 믹서는 모터가 들어가고 기계구동부분이 많다. 둘 다 모터장치이기에 비슷하지만, 컴프레서는 일정 속도로만 회전하면 되고 바깥의 다른 부품과는 접촉이 없는 반면, 세탁기는 속도가 다양하게 바뀌고 방수가 되어야 하기에 회전부분과 외부 정지부분을 잘 연결시켜주어야 한다. 아직 우리나라는 기계구동부문 만드는 기술이 약하다. 그래서 현재 가장 고가 IT 시장인 디지털 카메라에서 일제에 밀려 고전하고 있다. 조리개, 셔터, 렌즈가 다 부드러우면서도 견고하게 맞추어져 돌아가는 기계구동부문 기술이 모자라기 때문이다. IT도 기계기술과 결합해야 비싸지고 이익이 많이 남는다. 기계기술을 좀 더 끌어올려야 한다.

미래의 먹고 살 것을 염려하여 연구개발 한답시고 첨단만 밀어줄 필요가 없다. 어릴 때 잘 될 나무는 떡잎부터 알아본다며 편애하여 자식을 키운 부모들이면 겪는 경험이 있다. 기대했던 장남은 별 볼 일없거나 오히려 불효자가 되었지만, 형 옷이나 물려받으며 자란 둘째가 커서 잘되고 오히려 효도하더라는 이야기 한 번쯤 안 들어본 사람이 있는가? 황우석 사태도 너무 한쪽으로 과다하게 지원하다가 불거진 문제다. 떡잎이 좋아도 나중에 못자라는 나무가 있고, 묘목일 때 비실거려도 나중에는 거대한 숲을 이루는 나무도 있다. 기술개발 정책이 너무 한쪽으로 쏠리는 것은 어리석은 짓이다. 어차피 인간의 가장 큰 한계는 미래를 모른다는 것이다. 열손가락 깨물어서 안 아픈 손가락 없다는 부모의 마음으로 정부는 산업을 구석구석 돌아봐야 한다. 그래도 전략적으로 지원해야 효율이 높다고 강변하는 관료가 있다면, 도대체 무슨 전략인지 묻고 싶다. 정권을 위한 전략인지 나라를 위한 전략인지 말이다. 다시 한 번 반복하지만 경제는 돈 전쟁이지 첨단전쟁이 아니다. 등소평이 말한 것처럼 고양이는 까만색인지 흰색인지 털색깔이 중요한 것이 아니라 쥐를 잡는 고양이가 진짜 고양이다. 혼란스러운 시대, 앞이 안 보이는 시대라도 성실히 조금씩 걸어 나가면 된다. 어려울수록 한 방에 해결될 묘책은 없다. 정부는 지금부터라도 나노니 바이오니 하는 첨단이나 정부 코드와 맞는 녹색기술만 편애하지 말고,

모든 기술을 아끼고 골고루 후원해야 할 것이다. 미래에 누가 더 효도할지는 아무도 모르기 때문이다.

이제는 과학기술 지원 정책은 올인을 버리고 다극화로 가야한다. 뭐가 좀 된다 싶으면 한쪽으로 전부 달리는 '들쥐 근성' 을 이제 좀 극복하자. 다양하지 않은 나라는 선진국이 아니다. 선진국은 기술적 문화적 다양성이 존재하는 나라다. 입시를 중시하는 사회이니 누구나 알 것이다. 명문대 가려면 한과목만 잘해서 가능한가? 최소한 국영수가 모두 골고루 받쳐줘야 가능하지 않은가? 산업도 마찬가지다. IT나 나노, 생명과학만으로 안 된다. 재래식 기술이 죽어 이 분야의 실험기자재가 다 외국에서 들어온다면, 곰은 재주넘느라 고생만 하고 돈은 되놈이 전부 챙기는 꼴이다. 다극화는 에너지나 녹색성장에서도 마찬가지다. 태양열, 수소 전지, 핵융합, 원자력, 풍력들이 다 자기들만이 미래의 에너지원이라고 아우성 치고 있는데, 한쪽만 밀어서 실패하면 결국 책임은 해당분야 연구자가 아니라 정부에게 돌아간다. 무지개가 아름다운 이유는 여러 색깔이 공존하기 때문이다. 그리고 다른 영양이 충분해도 한 가지 모자란 영양이나 비타민 때문에 병에 걸리는 리비히의 '최소량의 법칙' 을 우리는 배웠다. 백가지 남는 것의 충만함을 한가지 모자라는 약점이 다 지워버릴 수 있다는 것을 기억하자. 현실적으로 다극화는 올인보다 훨씬 어려운 정책이요 경영이지만 다른 선택은 없어 보인다. 기술에서도 문화에서도 '다양화 사회' 는 앞으로 한국사회가 성취해야 할 필연의 과제다.

7.2 중국과 일본은 상생해야 할 우리의 이웃

산업사회 경제에서 가장 중요한 요소는 분업이다. 우리 개인이 필요한 것을 각자가 전부 만들어서 사용할 수 없듯이 국가도 마찬가지다. 국가 정도의 큰 경제규모라면 사실 억지로 모든 품목을 자급자족할 수 있겠지만 가격이 훨씬 비싸지기 때문에 의미 없는 일이다. 결국 외국과 무역을 해야 하는데, 무역에는 거리가 가까운 이웃나라가 특히 중요하다. 안전보장을 위해서도 이웃나라와의 관계가 중요한 것은 말할 나위가 없다. 삶 자체가 '네가 있기에 내가 있다' 고 말할 정도로 남들과의 관계가 중요한 것처럼, 국가도 이웃나라가 자기나라의 정체를 결정한다. 그런데 대부분이 이웃나라와 사이가 좋지 않아서, 다정했던 역사보다는 서로 죽기 살기로 싸운 역사가 더 길다. 아일랜드는 영국에 오랫동안 지배를 당했고, 오스만튀르크에게 지배받았던 그리스는 아직도 터키와 관계가 안 좋고, 동구권은 독일과 소련에게 많은 고통을 당했다. 지중해 건너 북부 아프리카는 프랑스에게 오랫동안 착취를 당해왔으며, 파키스탄과 인도는 서로 주적관계다. 우리나라도 예외는 아니다. 일본은 언제나 얄미운 존재고 중국은 촌스럽다고 무시한다. 한국인이면 일본을 미워해야 하는 것은 거의 정체성의 일부다. 일본과 축구시합이 있으면 분위기는 거의 독립운동 시절로 돌아간다. 필자도 역시 일본을 싫어하여 공짜로 일본어 배울 기회가 많았지만 전부 거절했었다. 이제는 엉뚱하게도 서양사회에 살면서 혼자 가끔 독학하고 있다.

한일관계가 이제는 좀 더 좋아져야 한다고 언급하면, 항상 한국 사람들은 일본이 독일을 본받아서 좀 더 정성으로 사과해야 한다고 말한다. 하지만 필자는 좀 달리 생각한다. 독일이 그렇게 자주 사과한 것은 통독을 위한 정치적 제스처가 아닌가 생각한다. 거기다가 강력한 유태인 사회의 압력도 많이 작용했을 것이다. 가해자는 자기가 저지른 가혹행위를 쉽게 잊어버리지만, 피해자는 잊을만하면 기억을 떠올려 되씹는 것이 인간의 본능이다. 그 본능을 초월할 수 있다면 인격자이겠으나, 불행하게도 모두가 그렇지는 않다. 피아를 떠나 좀 다른 입장에서 보자. 그렇게 일본의 뻔뻔함에 치를 떠는 한국사회가 훨씬 최근에 용병을 보냈던 베트남에 대하여 그렇게 자주 뉘우치고 있다는 이야기는 들어보지 못했다. 베트남 국민들이 얼마나 많은 고통을 당했는지에 대한 반성은 과거에는 반공윤리에 묻혀 지나갔고 요즈음은 세월이 지났다고 잊고 있다. 가해자의 편한 선택적 기억 때문이다. 아마 일본사람들도 한국과 중국 국민들에게 준 고통은 기억도 안 나지만, 자기들이 당한 히로시마와 나가사키의 원자탄 폭격은 두고두고 기억할 것이다.

20세기 초 식민지 경영을 하지 않은 강대국은 없었다. 독일은 한 발 늦게 산업화되는 바람에, 이미 다른 강대국들이 식민지를 다 차지해버려 홧김에 제1차 세계대전을 일으켰다고 역사가들이 분석할 정도로, 당시 세계를 지배하던 시대적 트렌드가 제국주의였다. 지금에 와서 일본이 당시에 정말 조선의 경제개발에 주력했는지를 따질 필요는 없어 보인다. 다만, 우리의 아픔은 우리 안에 간직하고 좀 더 열린 마음으로 일본문제를 대하자는 제안을 하고 싶다.

프랑스가 한 방식을 생각해보자. 프랑스는 제2차 세계대전이 끝나자 나치에게 협조한 자국국민들을 엄벌에 처했고, 인종청소 같은 인류파괴 죄는 공소시효도 없애버렸다. 부작용이 없지 않았으나, 소위 민족정기를 세우는 일을 확실히 감행했다. 하지만 그 다음이 더 중요하다. 그 후 프랑스는 평화로운 유럽, 번영하는 유럽을 재건하기 위해 독일과 손을 잡은 것 말이다. 독일이 내민 손을 프랑스가 잡아주지 않았더라면 현재의 유럽연합은 불가능했을 것이다. 유럽연합을 이루고 유로화를 만들면서 유럽의 위상은 상당히 올라갔으며, 평화정착에도 많은 기여를 하고 있다. 적어도 이제 다시는 유럽제국들끼리 싸우는 큰 전쟁은 유럽대륙에서 일어나지 않을 것이라는 확신을 유럽인들은 하고 있다. 우리나라의 경우는 정반대로 하고 있다. 프랑스와 달리 우리는 일제가 끝나고 친일파 청산을 못했을 뿐만 아니라, 시간이 제법 지난 지금도 미래를 위해 기꺼이 이웃과 손잡는 일을 못하고 있다. 단기적으로 해야 할 청소기회도 놓쳤고, 장기적으로 해야 할 협력도 못하고 있다. 아마 과거청산을 못했기에 미래적 협력도 안 되는 것 같다. 해방 후 반세기가 훨씬 넘었는데 손을 잡기는커녕, 국내정치 상황이 안 좋을 때마다 일본이라는 카드를 꺼내어 휘발유를 붓고 성냥을 그어댄다. 다행히 일본에서 출생한 대통령의 집권으로 일본 문제는 잠시 수면 아래로 내려간 것처럼 보이지만, 대일본 정책이나 외교원칙에 국민적 인식변화가 있다고 보기는 어렵다.

우리는 일본을 미워하지만 중국은 무시하는 경향이 있다. 북한의 가장 중요한 동맹국이라는 점과 아직은 우리보다 한 수 아래라는 점으로 중국은 비호감이다. 거기다가 중국이 우리를 작은 나라라고 무시하는 것 같으니 더 화가 나서 무시한다. 하지만 역사적으로 보면 중국을 꽤 관용적인 나라라고 평가할 수 있다. 우선 수많은 소수민족들을 거느리고 그들에게 자치를 허용한다는 점을 들 수 있다. 이민국가라는 미국마저도 소수민족들의 자치를 허용하지 않고 있는 것과는 대조적이다. 중국은 티베트 문제로 곳곳에서 공격을 받고 있지만, 현실적으로 중국이 티베트의 독립을 허용할 수는 없는 입장이다.

수많은 소수민족이 공존하는 나라에서 티베트가 독립하면 과거의 구소련처럼 중국이 붕괴될 것이기 때문이다. 이런 상황은 큰 중국을 여러 개로 나누고 싶은 미국과 일본, 그리고 인도가 원하는 일이다. 하지만 티베트 독립이 한반도의 정치적 안정에 도움이 될지는 아무도 모른다. 우리는 티베트 독립까지 간섭할 게재가 아니지만, 티베트에서의 기본적 인권탄압에는 반대하는 확실한 입장을 가질 필요가 있다. 큰 나라들이 자기들의 정치적 이익을 위해 고상한 척 부르짖는 '자유와 독립' 에 순진하게 응할 필요는 없다. 경제가치 때문에 기본권을 무시하란 말이냐고 필자를 비난할지 모르겠다. 하지만 기본권을 수호한다는 강대국들의 이중 잣대를 보면 그들의 외교적 수사가 쇼라는 것을 쉽게 알 수 있다. 팔레스타인 독립문제, 쿠르드족 독립문제에는 반대하면서 유독 티베트의 독립을 지지하는 나라들은 불교를 숭앙하기 때문인가? 중국의 티베트 지배가 정당하다는 말이 아니다. 큰 덩치들이 정하는 세계질서와 가치를 너무 순진하게 믿고 따를 필요가 없다는 이야기다.

우리가 인정해야 할 것은 우리의 감정과 관계없이 일본과 중국은 우리의 가장 중요한 파트너라는 것이다. 정치에서든 경제에서든 말이다. 우호적이면 좋고 비우호적이면 더 중요하다. 원래 관계라는 것이 친한 사람 도와주기는 어려워도 싫은 사람 고춧가루 뿌리기는 쉽기 때문이다. 우리는 일본을 통해 반도체와 제철기술, 가전, 자동차, 조선 등 거의 모든 기술을 배워서 일어섰다. 그리고 지금은 중국이 최대수입국임과 동시에 최대수출국이 되었다. 고급생산기계들과 부품들은 일본에서 사오고, 재료는 중국에서 사와서 만들어 팔거나, 아예 중국에서 만들어 파는 것이 오늘날 한국의 살림살이다. 경쟁관계가 없는 것은 아니나 경쟁 속에서 서로가 서로에게 기대어 있는 구조다. 누가 하나 이런 분위기 싫다고 빠져버리면 다 넘어지는 구조 속에 있다. 일본과 중국은 넘어져 다치는 정도겠지만, 우리는 거의 식물인간이 될 지경이다. 이런데도 일본을 미워하고 중국을 무시한다면 정말 사태파악 안 되는 사람들이다.

젊을 땐 나와 비슷해보이던 주변사람들이 잘되면 심하게 질투가 났었다. 나이 들어 질투가 없어진 것은 아니지만, 주변사람들이 잘되어야 나에게도 이익이라는 것을 깨닫게 되었다. 하다못해 밥이라도 한 끼 얻어먹을 수 있으니 말이다. 마찬가지 논리를 우리 이웃나라들에게 적용해보자. 일본이 계속 잘 사니 더 얄밉고, 중국이 급하게 쫓아오니 점점 두렵다. 하지만 일본에 지진이 나서 열도가 거의 가라앉을 지경이라고 상상해보자. 우리나라에 이득이 되는가? 엄청난 안보문제를 초래할 것이다. 그리고 중국경제가 주저앉아 북한수준의 식량난에 허덕이고 있다고 가정해보자. 인해전술로 밀고 들어오는 보트피플들이 서해바다를 거의 덮어버릴 것이다. 이웃도 잘 살아야 우리에게 이롭다. 굳이 최선을 말하자면 이웃도 잘살고 우리는 약간 더 잘살면 최고다. 감정이 아니라 이익을 기준으로 사태를 파악할 줄 알아야 현명한 국민이다.

중국은 사실상 한반도 통일의 열쇠를 쥐고 있는 나라다. 북한의 가장 중요한 우방이기에 그렇고, 북한과 가장 긴 국경을 마주하기에 그렇고, 동북아의 최고 강자요 미국의 대항마 역할이 가능한 나라이기에 그렇다. 중국이 한반도 통일을 적극 지원하고 싶지 않은 이유는 너무 당연하다. 현재 상황에서 통일이라면 당연히 한반도가 남한 체제로 통일되는 것을 말한다. 그런데 통일이 되어 미국 영향력 아래에 있는 한국이 자기들 턱 밑까지 파고들면 좋을 리가 없다. 당장 백두산 꼭대기에 레이더 기지가 건설되어 북경에서 오고가는 무선신호가 잡힐 터인데 좋을 리가 있겠는가? 그러나 역사적으로 한반도는 천년 이상 하나의 국가였고, 제2차 세계대전 후 유럽에서는 패전국이던 독일이 분단되었는데 아시아에서는 엉뚱하게 일본 아닌 한국이 분단되었으므로 중국이 한반도 통일을 공식적으로 반대할 명분은 없어 보인다. 만약 중국이 월경한 북한사람들을 돌려보내지만 않는다고 해도 북한은 빠른 속도로 붕괴될 것이다. 즉, 중국이 적극적 도움이 아니라 소극적 조치만 하더라도 한반도 통일은 가속될 것이라는 이야기다.

경쟁관계이지만 이웃나라들이 폭삭 망한다면 우리에게도 큰 부담이다. 좋든 싫든 일본과 중국이 상생해야 할 우리의 이웃이라는 점은 한국경제와 산업의 기본 모럴이 되어야 할 것이다. 국수주의자들이나 지나친 애국심을 가진 사람들이 해방된 지 반세기가 넘은 시점에도 여전히 대일본 관계를 독립운동으로 설정하려는 것, 대중국관계를 반사대주의 운동이나 민족혼 찾기로 몰고 가려는 인식들을 특별히 경계해야 한다. 애국열정에 들끓어 신앙화된 극단주의는 설득하기도, 극복하기도 쉽지 않기 때문이다.

에너지 윤리 회복이 시급하다

2008년도 한국의 총 수출액은 4,200억 불 정도인데, 에너지 수입에 사용한 돈은 1,400억 불이라고 한다. 필자는 파리를 방문한 국무총리 주재로 열린 동포간담회에서 이 숫자를 직접 듣고는 귀를 의심했다. 물론, 2008년은 예외적인 해다. 석유가격이 심하게 올랐으니 말이다. 하지만 그 전해인 2007년이라고 사태가 한참 좋은 것은 아니었다. 2007년 총 수출액은 2008년과 비슷한데, 에너지 수입액이 945억 달러였다고 한다. 2007년에는 에너지 수입이 전체 수입액의 27%였으며, 2008년에는 전체 수입액의 33%(1/3)가 에너지다. 그리고 두 해 동안 우리가 금과옥조로 여기는 무역수지는 다 적자였다.

에너지를 수입해 오려면 100% 생돈을 주는 것이지만, 수출을 통한 순이익은 아무리 많이 남아야 매출액의 10%를 넘지 않는다. 수출 이익률은 환율에도 민감하여 단정적으로 판단하기 어려운 부분이다. 그래서 수출과 내수를 나누지 말고 기업들의 매출액 대비 영업이익률을 참고하는 편이 더 좋을 것 같다. 발표되는 기업의 평균 영업이익률은 4% 정도다. 만약 이익률 4%를 수출에 적용한다면 1,400억 불의 에너지를 전부 돈 주고 사와서 열심히 상품 만들고 수출하여 4,200억 불의 겨우 4%인 168억불을 남긴 것이 된다. 에너지 수입에 돈을 많이 쓰니 남 좋은 일만 시켜주고 남는 것이 없다는 이야기다. 반대로 에너지 수입액은 10%만 줄인다고 해도 140억불이 남는데, 4% 이익을 이 금액에 적용하면 무려 3,500억 불(3,500$ 0.04=140억$)을 더 수출하는 셈이 된다. 다시 말하면, 에너지 수입액의 10%만 줄이면 거의 두 배로 수출액을 늘리는 효과가 있다는 것이다. (위의 계산은 정말 단순한 계산이다. 비록 남는 것이 별로 없어도 국민들 월급주고 먹고 살았다면 벌써 큰 기여를 한 것이기에 덜 남아도 수출총액이 많은 것도 중요하다.)

한국의 에너지 상황은 심각하게 안 좋은데도 매체들은 원유가가 고공행진을 할 때만 잠시 에너지 문제를 다루다가 가격이 좀 떨어지면 금방 잊어버린다. 정부는 왜 조용한가? 모든 문제를 다 정부 탓으로만 돌리는 것은 심각한 한국병이지만, 에너지 부분에서만큼은 정부가 비난받아야 마땅하다. 정부는 석유판매가에 붙는 막대한 세금이 가격이 오를수록 더 많아지니 침묵한다. 당장 내주머니에 돈이 많이 들어오고 있으니 표정관리 중이다. 쌈짓돈은 줄어도 주머니돈이 많아지니 행복한 모양이다. 하지만 밑에 고인 돌 빼서 위로 올리는 꼴을 모를 리 없는 정부가 적극적으로 원유 절감 대책을 내어놓지 않으니 욕을 먹어야 한다. "석유 먹는 자동차를 수출해야 하는 나라가 원유절감대책으로 뭘 어쩌라고?"라며 따질 수 있다. 물론 대책 자체는 쉽지가 않다. 근본적 대책은 뒤로 하고, 우선 에너지소비에 대한 윤리를 바로 세우기 위해 적극적으로 홍보부터 할 필요가 있다. 원유를 아껴 쓰고, 가능한 것은 전기로 대체하는 것이다. 우리나라의 원전발전량이 늘고 있으니, 에너지 소비구조 자체를 바꾸는 것이 효과적이다.

박정희 시대에 에너지 절감을 하도 많이 들어온 세대가 지금의 기성세대이다 보니 에너지 절약이라는 구호가 지겨운 것이 사실이다. 그리고 절약이란 소극적 개념은 구차해보이므로, 많이 쓰고 많이 벌어오면 된다는 적극론이 멋있어 보인다. 하지만 실제는 그렇지 않다. 아끼는 것은 우리끼리만 하면 되는 것이지만, 많이 파는 것은 고객을 상대해야 한다. 당연히 절약이 훨씬 쉽다. 물론, 절약에는 한계가 있어서 50% 절감이니 하는 큰 목표를 이룰 수는 없다. 지금 상황은 단지 10%만 줄여도 상당히 효과적이며, 이 정도의 절감은 윤리를 부여하고 홍보를 강화하는 것만으로도 달성할 수 있는 목표다.

한국 내에서만 살고 있는 사람들은 선진외국사람들은 얼마나 에너지절약 습관이 몸에 배어있고, 에너지 가격에 민감한지 알아야 한다.

유럽은 에너지 절약 실천이 지나칠 정도다. 유럽 최고의 공업국이면서도 원자력 발전에 회의적인 독일은 밤거리가 아주 캄캄하다. 원전을 안 하려면 전기를 아끼는 수밖에 없다는 생각을 하는 것이다. 원자력 발전율이 세계 최고인 나라가 프랑스이지만, 건물 복도마다 타이머가 부착되어 엘리베이터 찾느라고 우왕좌왕하는 사이에 전기불이 금방 꺼져버려 당황스러울 정도다. 필자가 보기에는 전기료 절감보다 타이머 스위치 장착하고 유지하는 비용이 더 들 것 같다. 에너지 절약에 가장 관심이 없는 나라가 미국이지만, 기름 값이 조금만 올라도 대형차 판매가 뚝 떨어진다. 사실 미국인들이 큰 차를 타는 것에 대해 외국의 곱지 않은 시선들이 있지만, 사정이 그럴 수밖에 없다. 1,000km 이내면 거의 대부분의 여행을 자동차로 하는 나라다. 인구밀도가 희박해서 중소도시의 대중교통도 잘 갖출 수가 없다. 열차나 버스 등의 대중교통을 시설하기 보다는 기름 값을 싸게 유지하여 각자가 자동차를 타고 다닐 수 있게 배려하는 것이 정부정책이다. 그래서 기름 값이 생수 값보다 항상 싼 나라가 미국이다. 이런 미국도 이제 에너지 윤리가 바뀌고 있다.

에너지 문제는 대체 에너지를 찾거나 연비를 엄청 줄일 수 있는 차를 개발하면 되지만, 현재까지 쉽게 해결되지 않고 있다. 현재도 수소전지, 태양전지, 풍력, 조력, 핵융합 등 셀 수 없이 많은 에너지원들이 다 자기들이 미래 에너지를 책임지겠다고 떠들지만, 그들의 호언장담보다는 시간이 훨씬 더 걸릴 것이다. 석유가 가진 장점이 너무 많기 때문이며, 석유의 기득권이 너무 크기 때문이다. 에너지원은 액체, 기체, 고체 또는 전기(무형체)의 형태를 갖고 있다. 고체 에너지는 석탄이나 장작이며, 석유와 알코올은 액체 에너지, 도시 가스는 기체에너지다. 전기에너지는 에너지 생산지(발전소)와 소비지(가정, 공장) 간을 선으로 연결가능하다는 이점이 있다. 하지만 수송에 손실이 많고 과잉생산했을 때 저장이 어렵다. 즉 만드는 대로 즉시 소비하지 않으면 효율이 떨어진다. 수송 손실은 필자도 좀 믿기 어려운 숫자인데, 총 전기의 70~80%를 날려버리는 지역도 많다고 한다. 선이 노후했거나 너무 많은 선들이 교차할 경우, 발전소로부터 거리가 먼 지역까지 송전할 경우에 손실이 심해진다. 기체 에너지(가스)는 늘 압력용기에 담아두어야 한다는 점이 부담이다. 관이나 용기가 터질 위험이 있는 것, 사용할 때 날아가 버리는 점 등 가스 에너지는 불편하고 위험하다. 고체 에너지의 대표는 석탄이다. 운반이 용이하지만, 태우려면 골고루 양이 공급되어야 하기에 가루로 만들면서 먼지가 많이 생긴다. 그런데 석유는 채굴부터 액체의 장점을 십분 발휘한다. 채굴해 놓으면 자체 압력으로 위로 올라오며, 사용할 때도 수도꼭지 틀듯이 공급을 조절하기도 쉽다. 더군다나 어떤 형태의 용기든 상관없이 넣어서 가지고 다니기도 쉽고, 큰 용기에 다량으로 담겨있을 때 쉽게 불이 붙지 않고 오히려 안정적이다. 에너지원 중에는 액체형태 에너지가 저장이 쉽고 다루기 용이하면서도 안전한 형태다. 그래서 LNG, LPG처럼 가스도 응축하여 액체로 만든다. 우리 몸에 영양을 공급하는 혈액이 액체이며, 동물의 가장 중요한 본능이라는 종족보존을 위한 정액이 액체인 것을 보면 액체가 얼마나 효율적인 형태인지 알 수 있다. 이만큼 액체형태의 석유가 가진 기득권이 크다.

그린 에너지, 친환경 에너지, 수소전지, 태양전지, 핵융합 에너지 같은 것이 나타나 대박을 내주길 기다리는 동안 우리가 할 수 있는 가장 확실한 방법은 절약이다. 넋 놓고 앉아서 모든 문제를 해결해줄 초인을 기다리기만 하는 것은 민주사회가 아니다. 시민들 모두가 참여하여 전체를 조금씩 바꾸어나가는 문화가 진짜 민주주의 산업사회다. 그런데 우리는 이제 세계에서 뒤지지 않는 소비문화 속에 살고 있으므로, 가격을 올려서 에너지 소비를 줄이려는 방식은 효과적이지 않다. 정부의 세수는 늘지 몰라도 결국은 국부가 밖으로 새어나갈 뿐이다. 시대에 뒤떨어지지 않는 방식으로 에너지 절약을 홍보하고, 건전한 시민정신의 일환으로 에너지 윤리헌장을 만들어야 할 시점이다. 세계를 위해서도 필요하고, 한국을 위해서도 필요하고, 경제를 위해서도 절실하며, 환경을 위해서도 좋은 일이다. 국가를 떠나 개인을 봐도 주위에 건실한 부자들은 소득만 높은 것이 아니라, 아낄 줄 아는 사람들이다. "뭘 그래? 내 주위에는 다 부동산이나 증권으로 크게 한 건 해서 부자 된 사람들인데…. 푼돈 아껴서 언제 돈벌어?" 이런 말을 하고 싶은 사람들도 있을 것이다. 하지만 크게 한 건한 사람들을 잘 보라. 그런 사람들은 언제나 주위에 있지만, 사람자체는 자주 바뀐다. 크게 한 건씩 하는 사람들은 천당과 지옥을 오가며 인생의 부침이 심하다. 반면 견실한 부자들은 표시나지 않으며, 금융대란이니 경제공황이니 시끄러울 때에도 흔들림이 작다. 국가경제도 마찬가지다. 정부는 장미 빛 부푼 공약으로 국민들을 현혹하지 말고, 건실한 자본주의 윤리를 홍보하여 에너지 문제를 잡아야 한다. 과거부터 많이 해 온 일이기에 행정에 적용시키기도 쉬운 일이다. 먼저 건전한 에너지 윤리를 세워 녹색성장의 기본이념으로 삼아야 할 시점이다. 녹색성장을 축구에 비유하면 에너지 절약은 철통같은 수비에 해당하며, 대체에너지 같은 새로운 아이디어는 비호같은 공격에 해당 될 것이다.

7.4 흑색성장, 녹색성장

요즘 한국에서는 녹색성장이 유행인 모양이다. 운하건설에서 갑자기 녹색성장으로 전환한 순발력과 발상의 전환이 엄청나기도 하고, 너무 급조된 구호가 아닌가 생각되지만 그 자체는 시기적절한 정책이라는 생각이다. 그런데 뭐를 하면 한쪽으로 치우치는 것이 너무 심해서 걱정스럽다. 과거 80년대에 퍼지(Fussy)라는 말이 나왔을 때를 기억하는 독자들이 있을지 모르겠다. 경계가 모호한 상황을 다양한 데이터로 정확히 판단하는 이론인데, 당시에 퍼지이론이 공학계에 나오자마자 국내 거의 모든 제품에는 퍼지라는 이름이 붙었었다. 전기밥솥도 퍼지, 믹서기도 퍼지, 청소기도 퍼지였다. 그러다가 휴먼 테크놀로지라는 말이 나오면서는 그때는 또 휴먼이 안 붙는 상품이 없는 것 같더니, 바이오와 나노, 그리고 웰빙이 그 바통을 이어받아 유행을 하루아침에 바꾸어버렸다. 한데 이제 녹색으로 서서히 상품명들이 바뀌지 않을까 한다. 벌써 각종 학회들은 녹색을 키워드로 끼워 넣느라 부산한 모습이다. 약간만 관련이 있어도 녹색간판을 달고 싶어 하니, 이러다가는 페인트 가게마저 다른 색깔을 다 없애고 녹색만 갖다놓지 않을까 염려스럽다.

이런 열성과는 별도로 녹색성장이 어떤 것인지, 또는 어떤 것이어야 하는지 한참동안 상당히 혼란스러울 것이다. 녹색성장이라는 카드를 꺼내 든 정부도 뭔가 시류에도 맞고 전망도 좋은 것 같은데, 무엇이어야 하는지 구상화가 쉽지 않을 것이다. 어디로 튈지 모르는 럭비공이기도 하고, 함축이 많은 선문답이기도 하기 때문이다. 학계와 산업체가 녹색성장을 받아들이는 정도와 각도에 따라 앞으로의 전개가 상당히 달라지겠지만, 여기에서는 일반인들을 위한 상식적인 수준으로 녹색성장을 설명해봤다. 필자의 설명이 정부의 해석과 동일한지 상이한지는 중요하지 않다. 어차피 한 정권 아래에서 불과 몇 년 만에 성장하여 열매를 맺을 정도로 짧은 프로젝트도 아니며, 정부의 의지대로 진행된다는 보장도 없으니 말이다. 녹색성장을 좁은 의미로만 해석하면 공해를 줄이고 환경을 보호하는 산업이 되지만, 넓은 의미로 해석하면 고부가가치 생산 전체를 포함할 수 있다.

크게 보면 녹색성장은 저탄소 성장을 말하며 석유, 석탄 같은 화석

연료를 덜 사용하면서 산업을 운용하면서도 경제성장을 지속시키자는 것이다. 석유나 석탄은 자체 성분이 주로 탄소로 구성되어 있다. 이 석유 석탄을 많이 태우면 내부의 탄소는 산소와 결합하여 이산화탄소라는 가스를 만든다. 당장 인간에게 해롭지 않은 가스지만, 이산화탄소는 지구온난화를 유발한다고 의심받고 있다. 지구온난화현상은 아직도 정말 지구가 따뜻해지고 있는지 의심하는 학자들도 많고 증거도 희미하여 오리무중이다. 하지만 비록 확실하지 않아도 의심되는 요인으로부터 미리 환경을 보호하는 조치는 나쁠 것이 없다. 증거가 확실하지 않은 이유는 지구 온난화가 진행되지 않고 있거나, 아니면 너무 시간스케일이 커서 우리 인간이 한세대에 당장 알기 어렵거나 둘 중 하나다. 환경훼손을 증명할 수 있는 수준이라면 이미 환경을 회복하기 어려운 상태이기 때문에 미리 호들갑을 떠는 것이 나쁘지 않다.

과거의 성장은 화석 에너지(석탄 석유)를 사용하는 생산방식이었다. 원유도 석탄도 색깔이 검으니 흑색성장시대라고 부를 수 있을 것 같다. 당시에는 정치적으로도 흑색선전이 많을 때이고 인권문제도 어려울 때였으니 흑색 성장기라는 단어는 적절하다. 흑색성장시대에서 천이영역 없이 곧바로 녹색성장으로 가자는 이야기가 나왔으니 구호에 그치기 쉬운 약점이 있다. 이 약점을 극복하는 길은 녹색성장을 구체화하는 것이다.

이제 구체적 차원에서 녹색성장을 풀이해본다면 대략 아래의 것들이다. 첫째, 동일 상품을 생산하면서 에너지 사용량과 폐기물 배출을 줄이는 것이다. 녹색성장의 정의에 딱 맞는 일이다. 불필요한 에너지를 줄이는 노력은 당연한 일이고, 환경 친화적이면서 효율이 높은 새로운 장비로 생산설비를 업그레이드하는 것이 중요하다. 초기투자비가 부담스러워 소음과 분진이 많으며 효율도 떨어지는 기존의 장비를 바꾸지 못하고 여전히 사용하는 경우, 새 장비를 구입할 수 있도록 지원하거나 감세 혜택을 줄 수 있다. 환경 친화적 노력과 에너지 절약 효과, 폐기물 배출량 등 여러 지표를 사용하여 기업에게 녹색등급을 부여할 수도 있다. 관련업계에서 가장 우수한 '녹색기업' 에게는 모든 상품에 녹색 네 잎 클로버 그림을 붙일 수 있게 하고, 두 번째 우수기업에게는 세 잎 클로버 로고를 사용할 수 있게 하는 등 기업이미지를 차등화 하여 동기 부여할 수 있다.

둘째, 친환경적이고 저에너지 소모형 제품을 만드는 것이다. 과거에 절전형 가전용품이 많았는데, 이제 다시 그 유행을 불러오는 것이다. 전기보다는 석유절약이 시급하다. 소형자동차, 전기자동차가 많이 보급되도록 안간 힘을 써야 한다. 석유절감은 가격정책만으로 큰 성공을 거두기 어렵다. 예를 들면, 소형차에게 고속도로 통행료 인하, 공용주차장 할인, 자동차세 인하, 심지어 주차위반 범칙금 인하 정책까지 사용해도 대형차 소유욕이 쉽게 줄지 않는다. 좀 더 적극적으로 도심의 일부 지역은 소형차 외에는 아예 출입이 안 되게 한다든지, 소형차만 갓길 주차를 허용하는 방법이 효과적이다. 관공서나 기업에서도 소형차들에게 가장 편한 주차장 자리를 배치하는 정책을 사용하는 것이다. 골프장이나 고급 호텔에 소형차를 몰고 가서는 사람대접 받기 어렵다. 문화를 바꾸려면 소형차에게 경제적 혜택만 주는 것이 아니라, 접근성에서 특권을 부여하는 정책이 필요하다. 그래야 체면 때문에 큰 차를 선호하는 문화가 뒤집힌다.

셋째, 에너지 절약이나 환경 친화를 돕는 기술과 장비 자체를 개발하는 것이다. 예를 들면 덴마크는 풍력을 이용하여 전력도 생산하지만, 이 과정을 통해 얻은 기술로 풍력장비 자체를 제작하여 수출한다. 거대공업국 독일과 경쟁할 정도로 대단한 기술력을 보이고 있다. 현재 진행 중인 태양열 전지, 지열 교환장치도 좋은 기술이지만, 집진장치, 소음방지 기술 같은 친환경적 장비들을 만들어 수출할 수 있다. 에어컨, 진공청소기, 세탁기는 소음레벨에 따라 가격이 차이난다. 소음방지는 고급기계를 만드는데 필수적인 기술이다. 공해방지와 청정기술이 중요한 반도체 산업에서는 우리나라가 기계장비를 사들여오느라 채산성을 충분히 높이지 못했으니, 국산 기계장비 개발은 정말 중요한 기술이다. 이런 장비들을 수입해오는 것은 녹색성장을 가로막는 방해물들이다. 지금 한국기술은 선진국과 대비하여 과거처럼 턱없이 모자라는 수준이 아니므로 국산기계장비 설계 및 개발에 더 많은 투자가 이루어진다면, 수출 수익성이 많이 좋아질 것이다.

넷째, 간접적 방법이지만 고급기술이 들어간 고부가가치상품을 제조하는 것이다. 무게당 가격이 비싼 제품을 생산하면 그것도 녹색성장이다. 부가가치가 낮은 제품들은 섣불리 포기할 것이 아니라, 고가품 시장으로 업종을 바꾸는 노력을 해야 한다. 예를 들면 80년대에 신발산업은 대표적인 공해배출업종으로 분류되었었다. 하지만 지금 고급 운동화는 100불이 넘게 팔리는데, 이런 고가품을 생산하면 순이익 대비 공해처리비용도 줄어든다. 자기가 현재 가진 기술은 별 것 아니라고 폄하하고, 최선진 기업들의 노하우만 부러워하는 경우가 많지만 선진 기술도 알고 나면 별 것 아니다. 현재는 부족한 기술보다 오히려 개인들의 장인정신 부족과 안정적인 노동여건 하에서 연구개발에 전념할 수 있는 분위기가 위협받고 있는 것이 문제다. 여건이 불확실한 경제상황에서 생존해야 한다는 명분으로 기업들이 불필요하게 고용안정성을 흔들고 있다. 공포분위기를 조성하고 늙은 세대를 일찍 갈아치운다고 R&D(연구개발 : Research and Development)가 무르익는 것이 아니다. 이제는 순발력보다 집요하게 한 가지에 매달리는 끈기가 필요하다. 녹색성장이라고 완전히 새로운 기술을 개발하거나 기존 산업의 패러다임을 바꾸어야 하는 것은 아니다. 좀 더 넓은 사고로 환경까지 생각하며 기존기술을 응용 · 심화하는 것이 녹색성장이다.

낮은 데로 임하는 상아탑 : 공과대학은 중소기업과 짝지어야

미국의 크고 유명한 대학들은 연구중심형이다. 대학랭킹은 객관적 지표로 점수를 내기 때문에 논문숫자와 품질이 중요하다. 그래서 미국 내 학부랭킹은 프린스턴이 하버드보다 앞설 때가 많지만 세계대학 랭킹은 항상 규모가 큰 하버드가 1등이고, 작은 프린스턴은 10위 아래로 내려간다. 우리나라 대학들도 미국 대형명문대학을 따라 연구중심을 표방하기 시작했는데, 벌써 오래전에 대학들이 '세계 속의 XX대학' '연구중심 OO대학'으로 간판을 바꿔 달았다. 교수들이 학부강의는 뒷전이고 정부 돈 따오는 일에 혈안이다. 그래서 국내 대학들의 연구수준이 많이 올라간 것은 사실이다. 하지만 사실 실속은 별로 없어 보인다. 대학은 교육, 연구소는 연구, 기업은 생산을 하는 것이 정석이다.

대학이 연구의 중심에 서면서, 유명하던 KIST 같은 중요 국책연구소들은 거의 유명세와 권력을 모두 잃어버렸다. 유교문화여서 가만히 두어도 권력이 지나친 곳이 대학인데 거기다가 연구비를 과다하게 지원하고 국책연구소 평가위원들이 교수들이요, 장관도 쉽게 되고 그만두어도 컴백할 수 있는 자리가 대학교수다. 대학의 권력집중이 지나쳐서 서울대 총장 밑에 교과부 장관이 있는 느낌이다. 국내대학은 5개 정도만 연구중심형이어도 충분하다. 나머지 대학들은 강의중심, 학부중심으로 운영하고 대학원에 진학하고 싶은 사람들은 5개의 연구중심대학으로 진학하면 된다. 연구중심이라는 내용을 들여다보면 학생들이 교수들 연구를 위한 부속물화 했다. 모든 학생들이 교수가 될 수도 없고 되어서도 안 되는데, 대학은 되지도 못할 교수가 되기 위한 수련장처럼 되어버렸으니 참 딱한 일이다. 문과대학이나 이학대학이라면, 대학은 직업학교가 아니고 학문탐구의 전당이라고 점잖게 필자를 타일러도 좋다. 그러나 공대는 학문탐구 전당이어서는 안 된다. 공대는 실사구시에 입각하여 고급 엔지니어를 양성하는 직업학교다. 그런 공과대학들이 기계를 만지는 것 대신 허구한 날 종이위에 논문 습작만 하고 있으니, 가사를 돌봐야 할 주부가 매일 거울 앞에만 앉아 있는 꼴이다.

미국과 대조적으로 유럽의 공대들은 직업학교처럼 운영된다. 미국이 모든 면에서 두각을 나타내던 과거에 우리는 유럽을 변방으로 여기며 무시했지만, 이제 미국 시스템이 서서히 한계를 드러내고 있다. 우리는 유럽의 공대 시스템에 주목해야 할 시점에 와있다. 유럽에서 공대생들은 대부분 석사까지 공부한다. 엔지니어라는 것이 학위과정의 이름인데 영미식으로 하면 석사학위에 해당된다. 만약 박사까지 한다면 그것은 학위라기보다 경력으로 간주된다. 그래서 직원을 모집할 때 석사+5년 경력이나 박사+2년 경력을 거의 동일하게 취급한다. 공대의 박사과정 학생도 학생이라기보다는 임시연구직에 취직해 있는 것이다. 이런 시스템이 가능한 이유는 학교 바깥세상인 연구소나 기업이 연구중심형이기 때문이다. 대학보다 오히려 더 구체적이고 재미있는 연구를 하는 곳이 연구소요 기업이기 때문에 가능하다. 그래서 벨기에 같은 작은 나라도 수출액이 우리보다 많으며, 수출의 거의 전부는 공업제품이다. 유럽에서 Doctor라고 하면 사람들은 박사가 아니라 의사를 떠올린다. 이공계 박사는 필요 없기도 하고, 잘 알아주지도 않는 학위다. 그렇다고 유럽의 연구수준이 미국보다 낮은 것이 아니다. 규모가 미국보다 작을 뿐이다. 너무 큰 미국보다 덩치가 우리와 비슷한 유럽을 배우고 모방하는 것이 지혜로운 선택이다.

우리나라 대학의 연구비는 거의 다 정부에서 나온다. 기라성 같은 학벌을 갖춘 교수들이 무슨무슨 프로젝트를 따냈고 그 돈으로 엄청난 결과를 냈다고 자랑하지만, 도서관 구석에서 졸고 있는 두꺼운 리포트나 아무도 읽지 않는 학술논문집 몇 페이지를 채우고 있는 경우가 허다하다. 왜 세계 유수의 반열이라는 대학들의 주장과 다르게 기업들은 뽑을 인재가 없다고 주장하는가? 대학들이 눈높이를 기업에 맞추지 않고 있기 때문이다. 사슴을 사냥꾼의 총부리에서 건져준 지체는 고상한

뿐이 아니라 연약한 다리인 것을 공과대학들은 모르는 듯 우리 사회의 산업현실에 별 관심이 없다. 그래서 기업들도 대학에 프로젝트를 잘 안준다. 우수 학생들을 데려오기 위한 포석이거나 정부평가위원인 교수들을 겨냥한 보험성 프로젝트가 아니라면 기업과 대학 간의 프로젝트는 공통의 관심사를 배경으로 하기 어렵다. 근래 들어 자동차학과를 만들려는 대학들이 보이는 등 긍정적 시도가 있지만 여전히 공과대학들의 실사구시적 접근은 턱없이 부족하다.

공과대학은 특히나 기업과 소통이 원활해야 한다. 대기업은 이미 그 나름의 연구개발 능력이 있으므로 알아서 생존하면 되니, 대학은 중소기업을 챙겨야 한다. 뒤에서 논의하겠지만 선진공업국이 되려면 중소기업들이 독자적 기술을 보유하는 것이 중요하다. 우리나라는 중소기업 육성을 위해 정부가 오랫동안 애써왔다. (사실은 시늉만 해왔다.) 당장 경제성장률과 무역수지 목표를 맞추어야 할 정부는 덩치 큰 기업들을 밀어야 효과가 빠르게 나오기 때문에 '대기업 전폭지원, 중소기업 흉내지원' 정책을 오랫동안 실행해왔다. 그렇다고 단기성과 위주의 정부정책을 무조건 비난할 수는 없다. 먼 잔칫날 잘 먹으려고 오늘 당장 굶을 수 없는 까닭이다. 중소기업 육성은 민간끼리 자연스럽게, 서로의 이익이 맞아떨어져야 효과가 있는 법이다.

중소기업의 기술력 획득을 위해서는 공과대학이 좋은 파트너가 될 수 있다. 정부와 다르게 대학은 단기성과에서 좀 더 자유롭다. 올해 당장 대학평가에서 명문대 순위가 바뀐다고 내년부터 우수학생들이 희망대학을 바꾸어 진학하지는 않는다. 지역별로 있는 지방 국립대학들은 그 지역 중소기업들과 프로그램을 짜서 학생들은 실질적 교육을 받고, 기업들은 체계 있게 기술을 정리한다면 서로에게 이익이 클 것이다. 우선 중소기업이 나서서 대학과 대학 구성원, 즉 교수와 학생들이 중소기업을 무시하는 경향을 극복해야 한다. 중소기업은 대기업보다 외관이 번듯하지 못한 것이 큰 문제다. 회사나 공장을 방문해보면 어두운 실내에 기름 범벅인 공장, 대화가 거의 불가한 높은 소음 등 도저히 일 할만 한 곳이 못 된다는 인상을 준다. 열악한 환경이 좋아서가 아니라 자금사정이 여의치 못해서 할 수 없다는 이야기들을 하지만, 돈 문제보다는 라이프스타일이 문제다. 공장은 옛날부터 그런 환경이라는 고정관념이 변하지 않는 탓이다. 소유주 본인의 가정집은 그렇게 열악한 환경이 아닐 터인데도, 가정보다 더 많은 시간을 보내는 공장 환경이 나쁜 것에 신경을 안 쓴다면 문제다. 필자가 사소한 것을 지적한 것처럼 생각되겠지만, 신세대들에게 근무환경은 엄청 중요한 요소다. 계약을 하러 오는 바이어들이나 지원여부를 결정하러 오는 정부 관료들 모두에게 환경은 중요하다. 법인세를 설정하는 세무서 직원만 빼면 말이다.

중소기업과 대학은 서로 이질적인 집단이다. 중소기업에서는 이론이 무시되고 경험론을 숭상한다. 대학은 경험 없이 머리만 굴리는 합리론이 판치는 곳이다. 그러나 실제로 경험론과 합리론의 충돌은 유용한

불꽃을 튀기게 할 수 있는 충돌이다. 마치 소경과 앉은뱅이가 서로의 능력을 결합하여 어디든 갈 수 있는 것처럼 말이다. 중소기업 입장에서는 대학이 많은 보수를 요구하는 집단이 아니기에 같이 일하기 좋은 파트너다. 대학은 관료주의가 심하지 않은 중소기업에서 다양한 장비들을 사용하여 자신들의 관심에 맞는 연구를 할 수 있다. 최근에는 대학교수들이 벤처를 직접 차릴 수 있게 허용했는데, 이미 있는 기업들을 놔두고 교수들이 직접 경영에 나설 이유는 없어 보인다. 중소기업과 대학이 서로 소 닭 보듯 하지 말고, 좋은 연구개발 파트너를 찾아 구애작전을 펴보는 것은 어떨까? 정부도 중소기업 지원에 적극적인 대학에 인센티브를 주는 것으로 동기 부여할 수 있고, 대학은 현장실습, 인턴사원제, 특허지분의 실속을 차릴 수 있다. 중소기업은 기술 확보, 이론 접목, 기업 이미지 제고 등의 이익을 얻어 확실한 윈윈 파트너십이 될 것이다. 다시 한 번 당부하건데, 공과대학이 진정 우리나라 선진화를 이끌려는 메시아적 포부를 가지고 있다면, 낮은 곳으로부터 임하라.

대기업은 소재산업이 좋다

한국 산업은 대기업 중심의 완제품 수출 위주다. 자동차, 전자제품, 조선 산업들이 주종인데 고급 부품이나 제작용 기계는 외국에서 수입해오고 있다. 우리 상표를 붙이는 완제품을 수출했기에 좋아진 점은 우리나라 기업들의 브랜드 파워가 엄청나게 커졌다는 것이다. 이제 삼성, LG, 현대는 세계인에게 친근한 브랜드가 되었다. 미국에서 우리나라 상표가 붙은 냉장고들이 최고 좋은 자리에 전시된 가게들을 많이 봤는데, 프랑스에서도 고가품 냉장고는 우리나라 상표들끼리 경쟁하고 있는 것을 확인하고는 기분이 아주 좋았던 적이 있다. 상표에 덩달아 국가 인지도도 올라갔으니 완제품 수출은 분명 중대한 역할을 한 것이다. 그러나 앞에서 이야기한 것처럼 수익성이 높지 않다는 것이 심각한 문제인데, 갈수록 더 안 좋아질 것이다. 중국 같은 후발주자들이 추격해 오는데, 우리 기술은 아직 충분히 선진화되지 못했기 때문이다.

냉장고, 자동차 같은 품목은 무게 당 가격을 계산하면 kg당 10~20달러 수준이다. 요즘은 kg당 100불이 넘는 휴대전화가 거의 없는데, 컴퓨터에 들어가는 인텔사의 CPU 칩은 kg당 1,000불이 넘는 상품이라는 것을 보면 수익성의 차이를 알 수 있다. 국산화율이 높고, 무게 당 가격이 비싼 제품들을 생산해야 수익성이 좋아진다. 무게가 적지만 가격이 비싸다는 것은 소요되는 재료비는 적지만 들어가는 기술이 높은 수준이라는 뜻이다. 뿐만 아니라 무게나 부피가 적은 물품들은 상품의 유통에 있어서도 여러모로 비용이 적게 든다. 수송비도 낮고, 재고보관도 쉽고, 반품 교환 등의 품질보증비용도 낮기 때문이다.

주요부품과 제작기계들이 국산화되지 않은 단계에서 완제품을 수출하면, 당연히 수익성이 좋지 않다. 그런데 중요부품들을 국산화해도 여전히 해결되지 않는 문제들이 생긴다. 완제품은 조립이나 용접 등의 인력을 많이 필요로 하는데, 회사 인력분포에 기능공들이 너무 많아지면 언제나 노조문제가 커진다. 당연히 노동자들의 기본권이 보장되어야 하겠으나, 덩치가 너무 큰 노동자 집단이 생기면 그 관성이 너무 커서 노조를 통제할 수가 없어지고, 노조단체 자신들도 어디로 가는지 모를 지경에 이른다. 타협은 없이 투쟁만 하는 노조간부가 영웅화되기 쉬운데, 그나마 회사의 벌이가 괜찮으면 상관없지만 어려운 시기에 노사가 대립하면 모두의 비극으로 끝난다. 미국의 GM사가 그랬고, 한국의 현대자동차도 이제 노조를 회사가 통솔할 수 있는 단계를 넘어선 것 같다. 다른 문제는 수출할 때 완제품이 들어가니 해당 국가의 많은 견제를 받는다는 것이다. 그래서 필요도 없는 것을 대신 사주어야 하고 관세장벽을 넘느라 가격을 낮추어야 한다. 그렇다고 가격을 너무 낮추어서 들어가면 이제는 또 덤핑이라고 제재를 받는다. 그만큼 완제품으로 국제시장에 들어가는 것은 힘든 일이다.

돌이켜 보면, 우리나라 자동차 산업은 완제품 이외에 타이어 공장들이 있었고, 포스코가 있었기에 가능했다. 조선업도 역시 제철업이 재료를 제공해주기에 도움이 컸다. 우리나라에도 과거부터 많은 재료산업이 있어왔다. 필자가 어릴 때는 물 푸는 바가지부터 김장용 큰 '고무 함지박'까지가 전부 '내쇼널 플라스틱' 제품이었다. 타이어 회사는 아주 일찍부터 수출의 역군이라고 칭송을 받았으며, 정유, 석탄 회사들도 아주 일찍 박정희 시대의 중요한 중화학공업의 일환으로 자리를 잡았었다. 그러던 재료산업이 포스코를 제외하고는 국제화된 거대기업으로 성장하지 못하고 있다. 예를 들면 우리나라 안방용 연탄을 책임지던 석탄공사 같은 회사는 몇십 년 째 발전이 없이 전근대적 회사의 대표적 예로만 가끔 언론에 등장하는 정도다. 타이어 회사들도 초기의 주목에 비하면 국제시장에서의 존재감이 아주 미미하다. 그리고 제료산업 기업들의 이미지도 밝지가 못해서 포스코마저도 친근한 기업으로 느껴지지 않는다. 완제품을 만들지 않으니 국민들이 재료산업 회사들의 제품을 사용하면서도 느끼지 못하기 때문이다.

재료산업이 이미지도 친근하지 못하고, 경영수준도 국제화되지 못한 이유는 무엇일까? 재료산업을 우리나라에서는 장치산업으로만 인식하고 있는 탓이다. 석탄이나 시멘트 같은 업종은 기계가 돌아가면서 포장까지 할 수 있게 다 자동화되어 있다. 그래서 기계가 돌아가기만 하면 돈이 나오는, 말하자면 돈 찍는 인쇄공장이다. 그러니 당연히 안일한 경영에 빠져 기술개발을 등한시 하게 된다. 재료산업의 생산라인은 장치산업이지만, 전체 산업은 R&D 산업이다. 인식을 통째로 바꿔 재료산업은 장치산업이 아니라 연구개발 산업으로 생각해야 한다. 아마 옛날 제약회사 선전에 활명수나 박카스 병들이 자동으로 돌아가면서 포장되는 장면을 본 기억이 있을 것이다. 그 부분만 보면 제약업도 장치산업이다. 모든 생산 공정이 자동으로 돌아가니 말이다. 하지만 제약업의 아주 중요한 다른 면에는 R&D 산업이라는 특성이 있다. 신약개발에 엄청난 기간이 걸리며, 개발 후에는 부작용을 최소화하기 위해 아주 긴 세월의 임상실험을 필요로 한다. 그러나 이 지루한 연구개발과 임상과정을 거치고 나면, 재료비는 판매가의 1%도 안 된다. 앉은 자리에서 기계가 고장 없이 돌아주기면 하면 100배 이상 남는 장사인 것이다. 앞의 재래식 시멘트 공장이 1달러짜리를 찍는 인쇄소라면, 신약공장은 100달러짜리를 찍어대는 공장이다. 약값이 비싼 이유를 물어보면 개발비용이 너무 많이 들기 때문이라고 둘러대지만, 연구개발비용이 정확히 얼마가 들었는지는 비밀이다. 다른 재료산업들도 이런 제약업적 요소를 많이 가진 산업이다. 그저 현재 생산라인을 돌려서 포장까지 완료되어 떨어지는 상품을 대리점에 가져다주기만 하면 돈이 되는 산업이라고 안이하게 생각하면 장기 비전이 없어진다. 이런 안이한 생각 때문에 시멘트 산업은 오래전부터 스스로 사양 산업이라고 자처해왔다. 내 집 마련과 아파트 열풍이 강한 나라에서, 그리고 바로 지척의 중국에서 엄청난 개발을 해대는데도, 즉 내수와 외수가 확실한데도 시멘트가 사양 산업이라는 것이 말이 되는가? 기술개발 없이 중국 업체들과 경쟁하려니 사양 산업이 되는 것이다. 강도를 저하하지 않으면서 색깔이 부드러운 칼라 시멘트를 비롯하여 분진, 소음 최소화 장치개발까지 기술개발에 치중해야 할 부분이 무궁무진하다.

현재 유리산업과 도자기 산업도 중요한 재료산업인데, 고려청자와 조선백자를 만들었다는 나라의 그릇산업이 신통찮아서 웬만큼 사는 집이면 죄다 외제그릇을 사용한다. 유리는 자동차 산업뿐만 아니라 건축자재로도 그 수요가 무궁무진한 부분이며, 도자기도 그릇 뿐만 아니라 타일과 변기 등 수많은 재료들이 있다. 특히 타일은 예술과 접목되어 건축물을 아름답고 깔끔하게, 그리고 고급화하는데 결정적 영향을 미치는 재료다. 하지만 이 부분 역시도 기술개발을 등한히 하여 별다른 관심을 끌지 못하며, 특히 무엇보다도 젊은이들이 선호하는 직장이 되지 못하고 있다.

우리나라는 대기업 위주의 경제여서 문제가 많다고 하지만, 보다 근본적인 문제는 재료산업이 대기업 업종이란 사실을 간과한다는 점이다. 먼저, 재료산업은 장치산업이기에 덩치가 커야 수익성이 있다. 재료산업의 범주에 드는 반도체와 액정산업을 생각해보자. 청정장치와 화학 폐기물 정화처리시설을 포함한 거대한 설비를 중소기업이 전부 갖출 수 없다는 것은 분명하다. 둘째, 재료산업은 R&D가 가미되지 않으면 점차 수익성이 떨어지고 중국이나 인도의 인해전술성 공격을 받기 쉬운 산업이기에 대기업 산업이다. R&D를 게을리 하지 않은 프랑스의 미쉐린(Michelin) 같은 회사는 고무 타이어라는 하나의 품목으로 별 표시나지 않게 언제나 정상의 영광을 누리고 있다. 완제품이 아니기에 상표 인지도도 낮고 좀 지겹기 쉬운 기업 이미지는 다른 방식으로 극복했다. 지도와 여행안내서 만들기, 레스토랑 등급 매기기 등의 여행과 문화에 투자하여 문화기업, 맛있는 기업이라는 이미지를 가지게 되었다.

제철, 고무, 플라스틱, 유리, 세라믹(도기), 반도체, 액정 같은 산업들은 전부 처음의 수익에 안주하는 순간부터 수익성이 점점 줄어든다. 게다가 싼 가격으로 밀어붙이는 중국업체들도 생겨 시장에서의 위협도 만만찮다. 아직 우리가 앞서 있을 때 충분한 연구개발로 격차를 확보해야 한다. 재료(소재) 산업에 문제가 없는 것은 아니다. 가장 어려운 부분은 재료산업은 에너지를 많이 사용하고, 공해도 많이 배출하는 산업이라는 점이다. 그러므로 설비 자체의 개발도 중요하다. 예를 들면 공해처리장치, 집진 · 소음처리장치 자체를 개발하는 것이다. 그리고 원자력 발전소와 근접한 위치에 자리를 잡아 에너지 공급을 원활하게 하면 금상첨화다. 궁극적으로는 생산 재료의 양을 줄이고 대신 연구개발의 결과로 비싼 재료를 생산해야 한다. 예를 들면 제철의 경우 일반강이나 철판의 생산은 점점 줄여나가고 특수강, 초전도 금속재료 생산 등으로 옮겨가는 것이며, 유리의 경우는 보통 유리의 생산을 줄이고 고강도 유리, 컬러 유리 등으로 생산품을 바꾸어가는 것이다. 미래에도 재료산업이 연금술사적 역할을 할 것이다. 두꺼운 재료는 더 얇아질 것이며, 무거운 재료는 더 가벼워질 것이고, 잘 깨지는 재료는 더 단단해질 것이며, 투박한 재료는 더 아름다워질 것이다. 역사에서 시대구분은 재료사용을 기준으로 나뉘어 석기시대, 청동기 시대, 철기 시대로 나뉘는 것을 보면 재료가 얼마나 문명의 중요한 축을 이루는지 알 수 있다. 로뎅의 '생각하는 사람'도 좋은 대리석이 없이는 불가했을 조각인 것처럼, 미래산업도 좋은 재료생산 없이는 성공할 수 없을 것이다.

7.7 조립완제품 산업에서 고급부품 산업으로

과거 삼성전자가 반도체로 세계 속 강자의 자리를 굳혔을 때, 이건희 회장은 중역회의만 하면 몹시 불만스러워 했다고 한다. 반도체는 컴퓨터 안에, 가전제품은 집안에만 있다 보니 거리에 삼성은 없는데, 현대를 엉덩이에 쓰고 다니는 자동차는 넘치기 때문이었단다. 진위여부는 알 수 없지만, 만약 사실이라면 삼성이 자동차 사업을 하려고 한 큰 이유 중 하나가 아닐까 한다. 다행히도 요즘 세계인들이 거리에서 꺼내드는 휴대 전화기에서 삼성을 쉽게 볼 수 있어 위로가 되었을 것이다.

모방에만 강하고 고유 상품이 없다는 콤플렉스에 시달려온 우리들에게 최근의 현대, 삼성, LG 등의 성공은 우리 어깨를 한껏 펴게 해준다. 그런데 한국기업들의 브랜드 가치가 성장하는 동안, 자기 로고를 가지고 장사하는 많은 외국의 우량기업들이 이제는 인건비가 비싼 자국에서의 생산을 포기하고 완전히 외국으로 생산기지를 옮겼다. 아니면 완제품 생산은 후발기업들에게 넘겨주고 자기들은 그 속에 들어가는 고급부품만 생산하는 것으로 업종을 전환하고 있다. 그렇지 않은 회사들은 죄다 어려움에 직면해 있다. 미국 스포츠 회사 나이키는 동남아에서 전부 생산한다. IBM 같은 유명기업은 이 회사 로고가 찍힌 완제품을 우리가 거의 볼 수가 없는 지경에 이를 정도로 업종이 바뀌었다. 인텔 같은 회사는 고가의 컴퓨터용 연산칩만 만들지, 완제품인 컴퓨터는 안 만든다. 완제품 만들기를 고집하고 있는 GM을 비롯한 미국 자동차 3사들은 지금 엄청난 어려움에 직면해 있다.

아직도 완제품 생산으로 재미를 보는 기업들이 많지만 그들은 박 터지는 경쟁으로 생존이 고단하다. 컴퓨터 완제품을 만드는 도시바, DEL, HP 같은 회사들은 후발주자인 우리나라와 대만기업들을 항상 돌아봐야 하고, 도요타, 폭스바겐 같은 자동차 회사들도 현대 같은 후발기업들의 도전에 직면해 있다. 하지만 고급 부품 회사인 인텔이나 미쉐린 같은 기업들은 별로 눈에 띄지 않게 조용히 실속을 차리고 있다. 왜 완제품 장사가 어려운지 이유를 살펴보자. 첫째, 완제품 생산은 노조문제가 어렵다. 조립공정이 많아서 엄청난 숫자의 단순 노동자들을 필요로 하는데, 기업은 크고 단순노동자들이 많으면 자연히 노조문제가 불거진다. 상대가 돈 많은 거대기업이니 노동자들은 회사에 대한 주인의식을 갖지 못하고 자기 이익만 극대화하려고 한다. 반면, 기업은 시스템만으로 차갑게 사람을 다스리려다 보니 여러 가지 무리가 따른다. 인간소외의 현장이요, 공산주의자들이 말하는 착취와 계급투쟁이 발생할 수밖에 없는 곳이 대기업의 조립현장이다. 그나마 일본의 대기업들은 아직도 평생고용 분위기를 고수하고 있어 노조문제에서 훨씬 자유롭지만, 우리나라는 미국식 구조조정을 배워 와서 기업 내에 심각한 갈등의 불씨를 가지고 있다. 당연히 경영자 측은 해고를 포함한 인사권을 가져야 하지만, 실업복지가 충분히 준비되지 않았고 아버지만 돈을 버는 우리나라에서 가장의 실직을 그대로 받아들이기가 쉽지 않다. 조립공정이 많은 완제품 사업은 필연적으로 노조문제를 불러온다.

둘째, 완제품 수출로는 관세장벽을 넘기 어렵다. 요즈음은 모든 나라 정치가 여론에 많은 영향을 받는다. 자국 땅에 다른 나라 상표가 지나치게 많으면 정치권 보다 먼저 시민들이 거부감을 보인다. 아무리 사전에 상대 나라 정부와 합의하에 조약을 체결했어도 여론이 정부를 몰아세우면 도리가 없다. 수입량을 줄이게 압력을 행사하라는 주문이 들어오고, 수입하는 만큼 자기네 물건을 사라는 조건을 걸라고 여론은 자국정부를 압박한다. 우리나라에서 일어난 비슷한 광경을 우리는 미국산 소고기 문제에서 봤다. 여론이 악화되면 논리나 협정의 문안으로 막을 수가 없어진다. 그래서 우리가 자동차를 미국에 많이 팔수록 미국산 무기를 더 많이 사올 수밖에 없다. 이런 정황은 우리가 완제품을 많이 수출할수록 더 불리해진다. 하지만 만약 중국이 미국에 수출하는 완제품에 한국산 부품이 들어간다면 상황이 달라진다. 그 물품은 메이드 인 코리아가 아니라 메이드 인 차이나가 되기 때문이다. 관세장벽을 쉽게 넘고, 실속 차리며 조용히 장사하려면 완제품 수출보다 완제품에 들어가는 고급부품을 공급하는 것이 최선이다.

셋째, 앞에서도 잠깐 언급했지만 완제품은 조립이 중요한 산업이다. 그렇기 때문에 후발주자들과 격차를 벌리기가 어렵다. 지금 우리가 수출하는 물품 중 조립에 많은 공정이 들어가는 물품들은 서서히 중국제에게 밀리고 있으며 몇 년 후에는 거의가 중국제에 밀려 도태될 확률이 높다. 그러므로 완제품은 중국이 만들고 우리는 중국의 완제품에 들어가는 고급 부품을 공급하는 구조로 가는 것이 안전하다. 일본은 전형적으로 우리에게 이런 작전을 구사해왔다. 우리 완제품에 넣을 부품을 공급하거나 생산 장비를 팔아먹었다. 우리가 반도체로 엄청난 성공을 거두었다고 선전하지만, 그 반도체 생산 장비들은 일본에서 수입해왔다. 공해와 직업병이 만만찮을 반도체 생산은 한국이 하고, 생산도 하기 전에 생산에 들어가는 장비를 팔아 재미를 본 나라는 일본이다. 만약 일본이 자국 내에서 생산되는 완제품으로 우리와 계속 승부를 보려고 했다면, 인건비가 훨씬 비싼 일본은 벌써 나가 떨어졌을 것이다. 자기 내 완제품 생산라인을 동남아로 옮기거나 아니면 완제품이 아닌 고급부품으로만 우리와 경쟁가능하다. 똑 같은 논리가 우리와 중국 간에도 적용된다. 우리의 살 길은 중국이 완제품을 만들 때 우리 중소기업은 중국제품에 들어 갈 고급 부품을 납품하고, 우리 대기업은 재료를 공급해야 한다. 만약 우리가 계속 중국과 완제품에서 경쟁하려고 한다면 망할 수밖에 없다. 단지 몇 년 후에 망할지 정확한 시기만 모를 뿐이다. 중국이 앞으로도 세계의 공장역할을 더욱 확대할 것이기에, 한국이 고급부품과 재료 공급처 역할을 한다면 성공이 보장될 것이다. 하지만 다른 어려움이 있다. 우리보다 기술이 한수 위인 일본과 동일 역할을 두고 경쟁해야 한다는 것이다. 그러니 가격 대비 품질을 높이기 위해 더욱 더 기술개발에 매달려야 한다. 기본기술이 약해서 상당히 불리할 것 같지만, 우리 기술도 꾸준히 발전되어 왔기에 조금만 노력하면 격차를 상당히 좁힐 수 있다. 일본에 더 많이 밀리는 것은 기술보다 오히려 장인정신이나 노사단합 같은 산업문화가 아닐까 한다.

앞에서 대기업들은 재료산업으로 가야 한다는 주장을 하였다. 고급부품은 당연히 중소기업들이 개발해야 한다. 대학의 이론적 지원을 받아서 중소기업들이 중요한 요소기술을 획득하고 고급부품을 생산해야 할 터인데, 인재도 자금도 기술도 다 대기업 위주로 편성되어 걱정스럽다. 이제는 중소기업 육성을 위해 특단의 조치를 내려야 할 시점이다. 워낙 큰 것만 좋아하는 문화다 보니, 사람도 다 서울로 모이고 인재도 모두 대기업으로 모이는 문화를 극복하고 중소기업을 키우려면 상식을 넘는 지원책이 필요하다. 병력특례는 아예 중소기업으로 제한

하고, 실업수당이나 국민연금에서 중소기업 근무자들에게 큰 혜택을 주는 등의 정책을 생각해 볼 수 있다. 우리나라는 수출형 경제를 꾸려가야만 하기에 바깥세계에서 살아남으려면 외국어에 능통한 고급인재들이 많은 대기업이 아니면 불가능하다. 하지만 구조가 복잡하고 관료주의가 심한 대기업은 부품기술에 약할 수밖에 없다. 대신 대기업은 자금력을 이용하여 확실하고 큰 사업을 이끌어나갈 수 있다. 그래서 대기업은 장치산업인 재료생산업이 잘 어울린다. 하지만 중소기업은 경영시스템이 무겁지 않으므로 다양한 실험을 빠르게 해볼 수 있어 고급부품산업에 강하다. 중소기업과 대기업이 서로의 특성에 맞게 업종을 나누어, 대기업은 중국에 재료를 공급하고 중소기업은 중국에 고급부품을 납품하는 길이 한국산업의 살 길이다. 완제품 없이 중국에 부품만 납품하며 산다면 과거에 조공을 바치던 것과 뭐가 다르냐며 자존심 상해 할 사람들도 있을 것이다. 하지만 이 방식은 주위의 덩치 큰 나라와 어울려 살며 성공한 유럽 강소국들의 오랜 산업전략이다. 주위에 독일과 프랑스, 영국이라는 큰 공업국 옆에 위치한 벨기에와 오스트리아 같은 나라들이 살아온 방식이며, 세계최고의 공업국 미국의 위에서 캐나다가 생존해온 방식이다. 벨기에, 오스트리아, 캐나다는 모두 선진기술을 갖춘 공업국들인데, 우리는 일상에서 Made in Belgium이나 Made in Austria, Made in Canada를 본 적이 없다. 그들은 독일, 프랑스, 영국, 미국에 재료와 고급 부품을 공급하는 '막후의 실세' 들이다.

"왜 고급부품산업은 중소기업에서 하는 것이 좋을까? '고급' 이라는 말이 붙으면 당연히 대기업이 해야 하는 것 아닌가?" 하는 의문을 가질 수 있다. 사실 우리나라 여건에서 고급부품산업을 소기업이 하는 것은 무리다. 중기업에서 하기에도 어려움이 있다. 그럼에도 불구하고 부품산업을 대기업이 하는 것은 장기적으로 부적절하다. 부품산업은 다른 완제품 생산기업에 납품을 해야 한다. 그러므로 부품의 성능이나 디자인, 기능을 부품생산자가 마음대로 바꾸기는 어렵고, 완제품 생산자인 고객의 요구에 맞추어야 한다. 이런 잦은 변화를 대기업이 수용하고 맞추기에는 너무 동작이 느리다. 대기업의 장점은 생산을 준비하는데 시간이 걸리지만, 생산이 안정이 되고나면 품질관리가 확실하다는 점이다. 하지만 시장의 다양한 변화에 적응하는 데에는 아무래도 순발력이 떨어진다. 그것도 자신들이 변화를 준비하는 것이 아니라, 남의 요구에 맞추는 변화는 더 어렵다.

역사 속에서 공룡이 분명 존재했다는 것은 확실히 증명이 되지만, 왜 전부 멸망하게 되었는지는 모른다. 여러 가지 설이 있는데, 그중 눈길이 가는 하나의 가설은 다음과 같다. 큰 덩치를 가진 공룡은 신경에 반응하는 속도가 늦었다는 것이다. 그래서 다른 육식 동물들이 공룡의 몸을 갉아먹으면 응징하려 움직이는 속도에 문제가 있었다는 것이다. 쉽게 말하면, 하이에나가 꼬리를 갉아먹는다면, 공룡이 통증을 느끼고 하이에나를 쳐내려고 움직이는 반응이 너무 늦었기 때문에 하이에나는 잠시 피했다가 다시 갉아먹기를 반복했다는 것이다. 작은 육식동물들이 공룡의 살을 갉아먹고 빠지기를 반복하는 박자보다 공룡의 반응 박자가 너무 늦어서 공룡이 멸망했다는 설이 얼마나 믿을만한지는 모르겠지만, 의미가 많은 가설이다. 덩치가 커지만 그만큼 순발력이 떨어질 수밖에 없다. 앞으로의 시장은 훨씬 더 무작위의 빠른 변화를 요구할 것이다. 한국은 정치적으로 강대국이 아니기에 그 변화를 주체적으로 만들기보다는 다른 나라에 의해 강요당할 것이기에 더욱 발 빠른 순발력이 요구된다. 대기업도 급작스런 시장변화에 발 빠르게 적응해 보려고 노력을 많이 하지만, 괜히 직원들 스트레스만 높여놓고 실효를 거두지 못할 때가 태반이다. 덩치가 작은 많은 중소기업들이 다양하게 그리고 빠르게 변화에 적응하는 것이 대기업들이 움직이는 것보다 위험부담과 시행착오를 줄일 수 있는 것은 자명하다. 이제는 중소기업을 그냥 키우는 수준이 아니라 인력을 고급화하고 기술개발형 기업으로 장려해나가야 한다. 정부의 지원만으로 가능한 일이 아니기에, 허우대 멀쩡하고 큰 것만 좋아하는 문화가 실속 위주로 바뀌어야 한다.

왜 좌파들은 수출 잘하는 대기업, 세계 속에 한국을 알린 대기업을 싫어하는 것일까? 이런 의문에 간략하게 대답해본다. 필자는 좌우를 논할만한 정치적 식견도 없어서 어느 쪽도 아니지만, 지나치게 편향된 좌파들이 대기업에 무조건 알레르기 반응을 보이는 것은 잘못이다. 누구나 기업을 하면 덩치를 키우고 싶은 것이 본능이다. 하지만 그것은 기업하는 사람의 자본주의적 본능일 뿐, 민주사회 전체의 본능일 필요는 없다. 우리가 분명히 알아야 할 것은 자본주의는 꼭 사수해야 할 현재의 경제체제지만, 민주주의의 하위 개념에 불과하다는 사실이다. 즉, 민주주의가 먼저 지켜져야 자본주의가 의미가 있는 것이며, 민주주의를 위협하는 자본주의는 억압되어야 한다. 독자들은 필자가 경제체제인 자본주의와 정체체제인 민주주의를 왜 혼동하는지, 서로 다른 두 축을 왜 하나로 묶으려는 억지를 부리는지 되묻고 싶을지 모르겠다. 하지만 적어도 20세기 후의 민주주의는 자본주의와 혼동되고 있다. 쉽게 말하면, 돈 없는 민주는 의미가 없어졌다는 것이다. 그리고 민주주의를 누리는 정도는 그 사회의 부와 직접 비례하고 있다. 더 잘 사는 나라에서 민주적 가치가 더 잘 지켜진다는 것이다. 그런데 역설적이게도 부를 창출하여 사회에 기여하는 대기업은 민주적 가치와 역행할만한 속성을 지녔다. 자본주의가 처음 태동하던 20세기 초 미국의 록펠러가 소유했던 스탠다드 오일(Standard Oil Company)부터 오늘날의 마이크로소프트까지 그들은 창출한 부로 민주사회의 기본 속성을 망가뜨리려 했다. 록펠러 회사는 독과점으로 악명이 높았으며, 본의 아니게 마이크로소프트도 마찬가지였다. 과거 인터넷 브라우저의 강자는 네스케이프였지만 마이크로소프트의 자본력에 무너졌다. 현재의 실력이 아닌, 덩치로 공정경쟁을 쉽게 방해할 수 있다. 공정성이야말로 민주사회의 기본인데, 심판이 끼어들지 않는다면 대기업과 중소기업의 게임은 너무 빤하게 대기업의 승리로 끝날 수밖에 없다. 예를 들어, 도박을 하는데 상대는 무한의 밑천을 가졌다고 하자. 그래서 몇 번을 잃어도 계속 키워진 판돈 전체를 건다고 하자. 언젠가 한 번은 이길 터이니, 아무리 타짜라도 밑천이 충분한 사람을 이길 수가 없다. 더욱이 도박실력마저 비슷하다면 해볼 필요도 없는 싱거운 판이 될 것이다.

위의 예처럼 실력도 있고 자본력도 갖춘 대기업이 득세할 때는 그래도 재앙 수준이라고까지 말할 수는 없다. 문제는 대기업이 사업을 말아먹을 때다. 자신의 엄청난 영향력을 배경으로 정부에 '공적자금'을 신청한다. 대기업이 파산하면 실업이 증가하고 혼란이 가중될 것임으로 정부가 거절할 수 있는 입장이 아니라는 것을 대기업들은 잘 안다. 그러니 공적자금 신청은 말이 '신청'이지 사실상은 거의 빌려준 돈 받으러 온 협박에 해당한다. 그리고 기업소유주는 정치권과 다르게 임기가 없다. 그러니 경제권력은 겉으로는 정치권력에 고개를 숙이는 것처럼 보이지만, 사실은 '메뚜기도 한 철'이라는 심정으로 자기 성향에 안 맞는 정치세력이 빨리 지나가기를 바란다. 대통령과 국회로 대표되는 민주사회의 정치권력은 시한부인 반면, 재벌총수들은 사실상 과거의 영주요, 왕이다. 단지 차이가 있다면 과거에는 영토를 나누어 먹고 있다면, 지금은 사업영역을 나누어 먹고 있어서 '영역' 개념이 바뀌었을 뿐이다. 이런 마당에 계속 대기업 위주로 경제가 돌아간다면 결국은 후진적 민주사회로 귀결될 수밖에 없다. 분권에 의한 견제도 없고 공정경쟁도 보장 안 되는 사회가 되는 것이다.

과거 테헤란로를 중심으로 벤처들이 생기면서 IT 영역에서 중소기업들이 영향력을 증가시키는 것 같더니 금방 가라앉고 말았다. 집중과 통합을 좋아하는 IT가 분권형 산업이라는 가면을 쓰고 나타났다가 슬그머니 가면을 벗어던진 꼴이다. 그렇다고 많이 커진 대기업을 다시 줄이려는 넌센스한 일을 벌일 필요는 없고, 알찬 중소기업들을 키워 대기업의 영향력을 줄여나가야 한다. 그래서 필자의 주장대로 대기업은 재료산업 같은 자본과 연구개발 집약적 산업에 치중하고, 중소기업은 시장의 요구를 즉각 반영하는 응용력 높은 고급부품업으로 가야 한다.

김남조 시인의 시 중에 '나의 밤 기도는 길고 한 가지 말만 되풀이 한다'는 구절이 있다. 그 시구처럼 몇 번이나 했던 이야기를 결론에 와서 한 번 더 반복한다. 조립공수가 많이 들어가는 완제품 생산비중은 서서히 줄여나가야 한다. 그리고 중국시장에 재료와 고급부품을 공급하는 방식으로 산업방향이 조정되어야 한다. 미국이 최대의 시장이었지만, 이제 벌써 중국이 최대의 수입국임과 동시에 수출국으로 바뀌었다. 중국이 아직은 우리보다 한 수 아래라고 현실을 인정하지 않는다면, 기술력은 일본에 밀리고 인건비는 중국에 밀려 양쪽에서 눌린 샌드위치 신세가 될 것이다.

에필로그

첨단시대에도 제조업이 기본이다

요즘 사람들은 책을 잘 안 읽는다. 독자들을 비난할 수도 있지만, 글을 쓰는 사람들도 반성해야 할 부분이 많다. 남들 다 아는 이야기를 자기만 아는 것처럼 우쭐하여 한참을 지겹게 독자들을 끌고 다닌다든지 (이 책도 자유롭지 못한 부분이다) 도대체 글 쓴 사람은 알고 하는 이야기인지 의심스럽게 인과관계가 엉망으로 꼬인 이야기로 언어의 유희를 일삼는 책들에 의해 독자들이 줄고 있다. 인터넷 시대에 얄팍한 지식만으로 모든 것을 다 아는 것처럼 착각하는 독자들의 태도에 문제가 없는 것은 아니지만, 어느 프랑스 경제학자의 말처럼 '고객은 언제나 옳다' 다는 말을 정의로 삼아 독자들을 보다 깊은 지식세계로 잘 끌어들이도록 필자들이 노력해야 한다. 그런 취지에서 인스턴트를 원하는 독자들에게 맞춰 마지막 부분에 이 책의 내용을 축약해서 에

필로그를 덧붙였다. 이미 다 아는 이야기라도 더 많이 반복하면 머리의 지식이 가슴까지 내려와서 기억되며 생활습관이 된다. 그러므로 이미 이 책을 성실하게 다 읽은 독자들도 이 부분에서 처음 대하는 내용처럼 또다시 읽어주기를 바란다.

1. 과학기술과 오늘날의 문화

전통유교 가치가 아직도 진하게 남아있는 우리 사회는 기술을 천시하거나 무시하거나 또는 돈만 주면 살 수 있는 당연한 것으로 여기지만, 사실은 현대사회 문화의 무대를 구성하는 기반이요, 방향을 정하는 주체다. 더 쉽게 말하면 자동차가 없던 시대와 보편화된 시대, 휴대전화가 없던 시대와 모두가 휴대전화를 가진 시대, 인터넷이 없던 시대와 그 속을 누비는 시대를 비교해보면 사람들은 전혀 다른 패턴의 생활을 하며 전혀 다른 문화를 향유한다. 현재 우리 시대의 가장 중요한 기술은 정보통신이다. 그러면 정보통신이 갑자기 발달한 오늘날의 문화는 어떻게 변했는가? 90년대부터 IT 시대가 시작되면서 우리는 실체보다 신호가 중요한 시대를 살고 있다. 지구촌은 물론 우주에서까지 쉽게 날아드는 온갖 소식과 음악, 영상에 빠져 신기루와 실체를 구별하기 어려워졌고 급기야는 구별하고 싶어 하지도 않는 듯하다. 한 가지 확실한 것은 모든 면에서 속도가 빨라졌다. 하지만 속을 들여다보면, 사실 근간이 빨라진 것은 없다. 여전히 초중고는 12년이요 대학은 4년 과정이고, 이메일로 소식을 쉽게 전하지만, 받을 필요 없는 소식들을 지워가며 진짜 소식을 찾아 헤매느라 컴퓨터 앞에 매달려 불필요한 시간을 보내야 한다. 카페니 홈페이지니 만들어 서로 반갑게 들락날락하지만, 정작 속앓이 하는 문제는 그곳에 털어놓지도 못하고 빙빙 겉돌다가 나온다. 온통 허상들로 가득 찬 사회를 수평으로 헤집고 다니다가 가끔 수직으로 하늘을 올려다보면 멍해진다. 요즘 내가 무엇을 하고 사는지? 이러다가 어디로 갈 것인지, 어디로 가고 싶은 것인지? 내 생각은 없고, 대신 남들이 물어다준 정보들만 넘치니 느끼게 되는 상실감이다. 가격비교부터 학교성적 비교, 아파트 평수 비교, 직장 연봉 비교까지 비교만 하다 보니 옆에 다른 숫자 없이 나 혼자서는 내가 도대체 누군지 정의가 안 된다.

근본적 철학만 혼란스러운 것이 아니다. 아무 일 안하고도 주식으로 몇 달 만에 연봉을 벌었다고 하고, 얼굴 하나 잘생겨서 광고료로 수억을 챙긴다는 보도를 접하면 일이 쉽게 손에 안 잡힌다. 개인의 경제윤리도 혼란스럽고, 개인이 모인 사회 전체의 산업윤리도 오염되었다. '나도 한 방이 있다!'는 오기가 즐거운 상상을 하게 도와주지만, 대부분은 잔칫날 잘 먹으려 굶는 꼴인데, 아무리 자고 일어나 봐도 잘 먹을 수 있는 잔칫날 초대장은 좀처럼 배달되지 않는다. 일을 보다 더 빨리 할 수 있게 도와줄 정보통신 기술이 전혀 예기치 못하게 허상을 키워주었다. 영상이 보편화되면서 보다 많은 사람들에게 좋아 보이는 단면만 집중적으로 전달해주는 효과가 생겨나서 요즘 인터넷 소식의 반 이상은 연예가 중계와 스포츠 스타들 이야기다. 따지고 보면 우리 삶에 아무런 충격이나 영향력이 없는 이야기들이 마치 꼭 알아야만 하는 상식으로 둔갑하여 클릭을 강요한다. 그렇다고 연예계 인사들이나 스포츠 스타가 영상 영향력의 수혜자가 되는 것만은 아니다. 도대체 부러울 것이 없어보이던 배우들이 분명하지도 않은 이유로 목숨을 끊는 일들이 많아졌고, 지고 이기는 일이 그야말로 병가지상사인 스포츠 선수들이 한 번 승리에 영웅이 되었다가도 한 번 패배에 얼굴을 못 든다. 얼굴 예쁘지 않고 몸매가 형편없는 여자, 키 작고 돈 없는 남자는 인간가치도 없도록 강요되는 듯한, 정말 치사하고도 가벼운 세상이다. 하지만 대부분의 사람들에게 이런 세상분위기가 자기 인생과 꼭 결부되지는 않는다. 우리 중에 연예인이나 스포츠 스타, 그리고 어떤 일로 대박 터트려 잘나가는 사람들은 극히 일부다. 그러면서도 그 문화를 자연스럽게 받아들이고 살고 있다. 남들 때문에, 남들 인생을, 남부끄러운 줄 모르고 사는 것이다.

2. 정보통신 속에서의 경제변화

정보통신이 발달하면서 사람들은 당연히 이런 기술이 돈벌이로 쉽게 연결될 것으로 판단했다. 그래서 제조업은 안하고 고급 서비스업으로 사회가 옮겨가는 것이 자연스런 현상이 되었는데, 현상 정도가 아니라 꼭 옮겨가야만 할 목표처럼 인식되고 있다. 미국을 필두로 소위 금융 서비스업이 최고의 스타로 컸다. 젊은이들이 선호하는 직업에 제조업 관련 직종은 거의 없다. 의사, 변호사, 증권 전문가, 금융 전문가, 교수 등 전부 제조업을 통해 창출된 부를 누리고 부리는 직업들이다. 훌륭한 인재들만 그런 것이 아니다. 학력이 안 되는 젊은이들도 공장보다는 최소한 사무직이나 비서직을 선호한다. 공장에는 언제나 어둠과 소음 그리고 분진이 있지만, 사무직이 근무하는 사무실은 쾌적한 공기에 깔끔한 선남선녀들만 가득하다. 그런데 그 깨끗한 사무실을 운영할 돈은 도대체 누가 대는 것일까? 이런 사무실 서비스 사회는 보다 인건비가 싼 다른 나라에 제조업을 시키고 자신들은 그들을 머슴으로 부리는 경제를 구현해왔다. 그동안 제조업 기술도 많이 늘어 거의 모든 부분에서 생산 과잉이다. 우선 의식주부터 보자. 인류에게 극히 중요하던 농업은 이제 적은 농민으로도 다른 사람들의 먹을거리를 다 댈 수 있고, 섬유산업은 안중에도 없는 낡은 직종이며, 집은 땅이 문제이지 땅값이 싼 지역의 집값은 정말 싸다. 그 외에 생필품도 요즈음은 비싼 것이 없다. 상품보다는 서비스가 제일 비싸다. 예를 들면 교육비, 의료비, 교통비 같은 것들이다.

인건비를 보면 비서직 같은 비전문 서비스직은 임금이 낮다. 서울에서 일하는 비서들보다 지방공장에서 잔업하며 일하는 여직원들의 임금이 더 높으며, 몇 년이 지나면 임금차이는 더 많이 벌어진다. 게다가 물가 차이까지 고려하면 임금차이는 가중된다. 우리나라의 경우, 서울에서 집을 살 수 있는 고급 사무직의 경우만 유일하게 지방 생산근로자들 보다 유리하다. 기형적으로 서울의 집값이 오르기 때문이다. 서비스업 위주인 서울은 양극화가 심하게 진행되지만 제조업 중심의 지방 도시들은 어느 정도 같이 가는 사회다. 요즘은 서울보다 울산이나 거제도가 더 돈이 많다는 이야기들이 나오고 있다.

그러나 불행하게도 많은 나라들이 어느 정도 국부가 모이면 제조업은 후진국에 물려주고 자기들은 서비스업으로만 살려고 한다. 손발 안 쓰고 머리로만 살겠다는 것이다. 미국은 이런 지가 오래되어 제품들 중 메이드 인 유에스에이를 찾아보기가 어렵다. 정보통신이 급격히 발달하던 1990년부터 미국의 제조업 포기현상은 정도가 심해졌었는데, 20년 후인 2010년 즈음인 지금, 미국은 아직도 강하지만 이제부터는 내리막을 걷는 나라로 확실히 굳혀졌다. 남들의 시각만이 아니다. 미국인들마저 미국의 내리막 행을 인정한다는 여론조사 결과는 여러 번 발표되었다. 왜? 인간은 머리만 있는 존재가 아니고 손발을 같이 달고 사는 존재이기 때문이다. 머리로 하는 상상력이 손발로 구현되지 않으면 공상일 뿐이지만, 손발을 통해 구현되면 신기술이 되고 특허가 되고 돈이 된다. 서비스업으로 전환된 지금, 미국인들은 과거 60년대, 70년대보다 생활이 더 어렵다. 당시에는 제조업에 종사하는 가장 한 명만 일하고도 식구들이 먹고 살았지만, 지금은 맞벌이 하지 않고는 힘들다. 자기들은 머리만 쓰고 손발은 중국에서 빌려 쓰는 경제구조로 가고 있지만, 많은 사람들은 머리도 못쓰면서 손발만 잘린 꼴로 가고 있다. 과거에 로마가 멸망할 때 국경수비를 게르만 용병들에게 맡기고 로마인들은 파티를 즐기다가 망한 역사를 누구보다 잘 아는 미국이 자기들도 그 길을 가고 있다는 것을 알게 된 시점은 좀 늦은 것 같다. 미국은 현대의 로마제국인 셈인데, 멸망까지도 같은 길을 갈 필요는 없을 터인데, 앞으로 미국은 어디로 갈 것인가?

3. 제조업 없는 사회의 문제

대부분의 국가들은 농업사회에서 제조업 사회로 발전했다가 서비스업으로 옮겨간다. 다른 단계로 넘어가면 전 단계의 산업은 줄어들기 때문에, 농업인구가 줄면서 제조업이 커지고, 제조업 인구가 줄고 나서 서비스업 종사자가 증가한다. 우리는 서비스업이라면 쉽게 유흥업소를 떠올리지만, 서비스업이란 제조업의 앞이나 뒤에 있는 산업이다. 즉, 생산 전단계인 기획과 설계, 자금 확보 방안, 허가, 특허사용 여부, 교육 등을 도와주거나 맡아서 해주는 업은 생산 전단계의 서비스업이고, 판매, 유통, 소비자 상담, 법률자문, 주식거래, 유흥, 레저, 연예 스포츠 등은 생산 후의 문제를 해결하거나 이익을 나누고 여유시간을 즐기려는 서비스업이다. 대체로 상품자체가 아니라 상품생산 및 판매 그리고 이익금을 잘 사용하도록 돕는 일이 서비스업이다. 서비스업이 번창하고 제조업이 줄면 임금격차가 커진다. 그 이유는 서비스업 전문가들은 고도의 기술과 지식뿐만 아니라 배타적 면허를 가졌지만, 그 아래 계층은 전문성이 높지도 않고 사회적 보호 장치도 약한 직종이기 때문이다. 예를 들면 대표적 서비스업인 병원의 외과과장과 간호사 간의 임금차이는 제조업 공장의 생산과장과 기계를 돌리는 노동자간의 임금차이보다 많이 난다. 간호사도 전문직인데, 의사의 전문성보다 훨씬 낮게 평가되는 실정이다. 의사와 간호사는 동일 환경에 근무하는 사람들인데도 전문성에 따라 계층의 벽이 아주 높다. 사회계층화는 자본주의의 필연적인 결과지만, 너무 골이 깊어지면 당연히 문제가 심각해진다. 노동의 질이나 전문성은 2배 차이 나는데, 소득은 10배 차이 나는 정도의 계층화라면 계층 간의 갈등이 심화된다. 사회적 연대감 대신, 다른 계층에 대한 분노가 증가하여 '묻지 마 살인' 같은 범죄가 증가한다. 연대감이 저하되고 공동체적 가치를 거부하는 사회가 건강하지 못한 것은 당연하다. 마치 빗나간 10대를 키우며 고민하는 가정처럼 정부의 권위는 추락하고 국민들은 냉소적이다. 심해지면 마르크스가 부추긴 계급투쟁이 연출되는 지경까지 갈 것이다.

더 실질적인 문제는 무역적자 폭이 커진다는 것이다. 서비스업이 너무 발달하면 사회전체가 노동을 기피한다. 쉽게 돈 버는 사람들을 많이 보게 되니 손에 기름 묻히기 싫어한다. 자본가들은 눈이 높아진 공장근로자들의 눈높이에 맞게 임금을 과거보다 더 비싸게 주지 않으려고 공장을 외국으로 이전한다. 그래서 제조업이 약해진 미국이나 영국은 무역적자폭이 엄청 늘어난 반면, 제조업을 붙들고 있는 독일이나 일본은 오히려 무역흑자 폭이 나날이 커져서 표정관리에 신경을 쓰고 있다. 다 어렵다고 아우성 칠 때, 독일과 일본은 "우리도 힘들기는 마찬가지다!" 라고 말하지만, 사실 선진국들 중 사정이 제일 좋다. 나가는 돈은 적은데, 들어오는 돈이 많기 때문이다. 가정살림으로 말한다면, 경제가 어려울 때 집에서 밥을 직접 해 먹는 가정과, 늘 외식하는 가정의 차이다. 누가 더 어려운 경제상황을 잘 견딜 지는 불문가지다.

다른 문제는 제조업이 죽으면 고용이 불안해진다. 우선 숫자에서 서비스업은 제조업보다 훨씬 적은 고용을 한다. 대형백화점의 직원숫자는 동일 매출액의 공장보다 훨씬 적은 숫자를 고용한다. 그리고 서비스업의 일반직원들은 별다른 전문성을 필요로 하지 않기 때문에 다른 사람에 의해 쉽게 대체된다. 반면 제조업 종사자들은 최소한 어느 정도의 기술이 필요하므로 고용주 측이 즉흥적으로 해고를 결정하기 어렵다. 서비스업 종사자들의 고용신분이 훨씬 더 파리 목숨인 셈이다. 과거 오랫동안 끌었던 KTX 여승무원 문제를 생각해보자. 그들은 여승무원들이 승객들 안전에 중요한 존재라는 주장을 해왔지만, 사회 전체가 그렇게 설득력 있게 듣지 않았다. 그저 여행시간을 좀 더 부드럽게 해주는 '서비스 걸' 이란 인식을 국민들이 가지고 있기에 철도청도 재고용을 안 하고 버티었을 것이다. 그들이 전문기술을 가진 집단이었다면 훨씬 협상이 쉬웠을 것이다. 고용도 불안하지만 계층 간에 소득차도 심하다는 이야기를 위에서 했다. 대표적 서비스업종인 스포츠계를 보자. 골프나 테니스 상금은 세계 랭킹 1위에서 10위까지가 가져가는 상금이 세계11위에서 그 아래 전체 선수가 가져가는 상금보다 많다. 대부분의 서비스업이 스포츠와 사정이 비슷하다. 그래서 제조업이 죽으면 외부로는 외세에 경제가 심하게 흔들리게 되고, 내부로는 사회적 연대감이 낮아서 사회가 불안해진다. 반대로 제조업이 굳건한 사회는 모든 국민들이 의욕을 가지며, 성실을 바탕으로 한 건강한 윤리를 가진 건강한 공동체가 된다. 과거 박정희 대통령 시대에 이런 건강한 제조업 사회를 경험해 본 세대들은 그때의 추억을 잊을 수 없어 독재자라는 박정희를 아직도 그리워하며, 그의 정치적 현신을 다시 보고 싶어 박근혜 씨를 지지하는 것이 아니겠는가?

4. 제조업의 문제

제조업은 건강한 참여사회를 조성해주지만 여러 가지 문제들을 가지고 있다. 우선 제조업은 에너지를 많이 사용한다. 게다가 환경오염의 주범이기도 하다. 또 제조업 역사가 길어지면 작은 회사들이 하나

둘 큰 기업들에게 먹히는 현상이 생긴다. 경쟁력을 키우고 살 길을 도모하려는 합병 자체가 나쁜 일이 아니지만, 합병과 통합과정에서 구조조정을 겪은 직원들은 애사심이 없어지고 자기 이익을 극대화하는 방향으로 움직이게 된다. 노사문제가 생기는 것이다. 공장이 작은 규모일 때는 서로 양보할 길이 생기지만, 규모가 커지면 회사에 비해 형편없는 약자라고 생각하는 노동자들은 자기들의 이익을 최대한 뽑아내도 공룡 같은 회사는 끄떡없을 것으로 생각한다. 도덕적, 윤리적 잣대를 잃어버리는 것이다. 회사는 회사대로 큰 규모의 노동쟁의를 해결하기 어려워진다. 노조 내에서도 어용시비로 서로 반목하니 협상대표 선정 자체가 애매해진다.

제조업은 갈수록 수익성도 나빠진다. 후발주자들이 따라오기 때문이다. 후발주자들보다 품질이 훨씬 좋을 때까지는 버틸만하다. 그러다가 몇 년 지나면 품질차이가 더 줄어들게 된다. 품질이 2배 좋다면 가격이 10배 비싸도 울며 겨자 먹기로 사야 하는 품목들이 있다. 하지만 품질이 겨우 20% 정도 차이 나는데, 가격이 반값이라면 상황은 달라진다. 공장 가동률은 줄어들고 떠나는 동료들이 생기다가 급기야는 정리요원들만 남게 된다. 연구개발을 게을리 하는 제조업은 대체로 이렇게 끝난다. 제조업을 하다보면 임직원들의 생각이 게을러진다. 어저께도 이렇게 했고 오늘도 이렇게 팔았으니 내일도 누군가가 사갈 것으로 생각하는 것이다. 천만의 말씀이다. 싫증을 잘 내고 새로운 것을 찾아 헤매는 것이 인생의 본질인데, 어떻게 오늘 방식으로 내일을 보장할 수 있겠는가? 어느 정도 발전되어 인건비가 올라간 사회의 제조업이 연구개발과 결합하지 않으면 제조업은 영혼 없는 육체가 되어버린다. 대량생산체제를 갖춰 초당 알아서 떨어지는 생산품을 자동으로 포장해서 어저께처럼 팔 수 있는 날은 오늘뿐이라는 긴박감을 가져야 한다. 제조업의 운명이다. 몇 년 전 평면 TV 경쟁으로 뒤통수가 툭 튀어나온 TV들이 서로 우리가 더 평면이라고 각축을 벌였지만, 지금 브라운관 TV는 박물관에서도, 고물상에서도 찾아보기 힘들고 전부 액정으로 바뀌었다. 제조업은 이렇게 빠르게 바뀐다. 뭔들 빠르게 바뀌지 않은 것들이 있냐고 묻고 싶겠지만, 서비스업은 훨씬 느리게 바뀐다. 병원의 포맷이나 변호사 사무실, 백화점, 유흥업소, 스포츠를 보라. 만약 바뀐 것이 있다면 제조업의 기술을 더 사용했다는 것뿐이다. 청진기에 의존하던 진찰이 CT 촬영으로 바뀐 것은 의료서비스 자체가 바뀐 것이 아니라 제조업 제품인 기계가 바뀐 것이다. 제조업의 숙명이 변화라는 사실은 고급기술에 약한 우리나라 제조업의 미래를 걱정스럽게 만든다.

5. 한국사회와 미래 산업

서구는 과거 18세기 중반의 산업혁명부터 21세기까지 최소한 200백 년 가량 산업사회의 역사를 겪어왔다. 산업사회의 가장 큰 특징은 대량생산과 분업이다. 즉 도시 규모가 커지고 사람들이 몰려 살면서, 엄청난 양의 쌍방 소통을 치루며 생존해나가는 방식이다. 이런 역사를 한국은 불과 30년 정도에 '집중 족집게 과외'를 받으며 축약하여 겪어오고 있다. 과외 선생님도 일본에서 미국으로 바뀌면서 산업문화와 방식에 혼선도 많았다. 예를 들면, 일본의 종신고용제를 따르는 것 같던 사회가 하루아침에 미국식 구조조정제를 도입하고 있으며, 연공서

열식이 연봉차등제로 바뀌고 있는데도 유교적 가치인 나이장벽을 넘지 못하는 등의 산업문화적 혼란을 지적할 수 있다.

하지만 이런 사회적 현상은 쉽게 해결되는 문제가 아니므로 논외로 하자. 가장 염려스러운 점은 한국사회가 제조업으로 충분히 숙성된 기간을 보내지 못했는데, 굴뚝산업은 접고 첨단기술 서비스 산업으로 가자는 논의들이 진행되고 있는 점이다. 현재시점은 많은 선진국들이 제조업을 놓고 있으며, 중국이나 인도 같은 후발주자들이 아직 한국의 제조업 수준만큼 올라와 있지 않았다. 한국제조업은 가격경쟁력도, 품질도 아주 최적인 시점이라고 말할 수 있다. 최고의 제조업 기술을 가지지는 않았으나, 충분한 품질의 제품을 적절한 가격에 생산해낼 수 있는 거의 유일한 나라가 한국이다. 그러므로 지금은 제조업을 접을 때가 아니라 훨씬 더 심도 있게 숙성시켜야 할 때인 것이다. 실제로 조선업은 고급선박을 제외하고는 일본보다 더 많은 수주 실적을 내고 있으며, 자동차, 가전 등이 다 좋은 이미지를 가지고 세계시장에서 선전하고 있다. IT 제품도 한국이 소프트웨어를 잘 만들거나 핵심 칩을 잘 만드는 것이 아니라, 제품 외형과 일반부품을 잘 만드는, 제조업 제품군에 속한다.

필자가 앞에서 지적한 것처럼 수익성이 점차 나빠지지 않으려면 연구개발력을 좀 더 많이 제품에 불어넣어야 하는 것이지, 제조업을 접을 때가 아니다. 작은 나라에서 미국을 흉내 낸다고 리먼브라더스 같은 회사를 합병해서 아시아 금융업의 중심지로 우뚝 서자느니, 인천공항을 키워서 물류의 중심지로 거듭나자느니 하는 따위의 아이디어들은 건달들의 허풍에 가까운 이야기들이다. 우리는 제조업을 더 고급화하여 대기업은 재료산업 중심으로, 중소기업은 고급부품산업 위주로 가면서 제조업 체질개선으로 나가야 할 시점이다. 제조업을 버리고 고급서비스업으로 갈 타이밍이 아니다. 고급서비스업에는 우리보다 훨씬 약아빠진 경험을 가진 덩치 큰 선진국들이 이미 여럿 버티고 있다. 설령 우리에게 빌 게이츠 같은 존재가 있어 한 명이 벌어오는 돈이 전체를 먹여 살릴 만하다고 하여도, 모두가 성실하게 버는 사회보다 훨씬 건강하지 못한 사회가 될 것이다. 전체 국부가 얼마인지도 중요하지만, 골고루 벌고 골고루 나누는 정도도 중요하다. 특히 한국처럼 단일민족인 국가에서 계층화가 심화된다면 사회의 건강성은 현저히 나빠진다. 제조업을 버릴 궁리를 할 것이 아니라, 공장 굴뚝에 연기가 덜 나면서도 수익성이 좋아질 연구개발력을 키워서 제조업에 짝 지워줘야 할 시점이다. 건전한 공동체 사회 건설을 위해, 한국사회의 희망은 아직도 제조업이다.